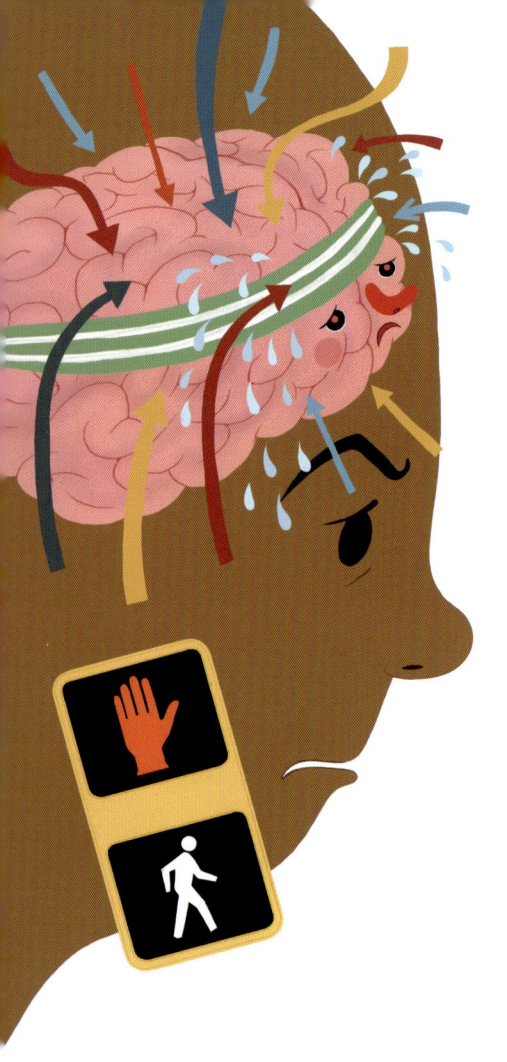

Quarto is the authority on a wide range of topics.
Quarto educates, entertains and enriches the lives of our readers—enthusiasts and lovers of hands-on living.
www.quartoknows.com

You & Your Strange Brain : A Book of Brains, How they Work, and Sometimes Don't

Author: Clive Gifford
Illustrator: Anne Wilson
©2020 Quarto Publishing plc
All rights reserved.

Korean translation copyright ©2022 by Sallim Publishing Co.
This Korean edition published by arrangement with
The Quarto Group through YuRiJang Literary Agency.

이 책의 한국어판 저작권은 유리장 에이전시를 통해 저작권자와
독점 계약한 살림출판사에 있습니다.
저작권법에 의하여 한국 내에서 보호를 받는 저작물이므로
무단전재 및 복제를 금합니다.

차례

서문 ... 4

1부:
뇌를 해부하다 ... 6

소중한 뇌 ... 8
네 가지 엽 ... 10
신경 고속도로 ... 12
마음의 메신저 ... 14
감각 이해하기 ... 16
미각, 촉각, 후각 ... 18
눈을 통해 만나는 세상 ... 20
영리한 사파리 ... 22

2부:
마음 정비공 ... 24

뇌에 대한 황당한 생각 ... 26
뇌의 구성 요소 ... 28
뇌는 어떻게 자랄까 ... 30
청소년의 뇌 ... 32
까다로운 친구 ... 34
기억 기계 ... 36
고마워, 기억해 줘서! ... 38
기억의 달인 ... 40
당신이 잠든 사이에 ... 42

3부:
뇌의 착각 ... 44

추측 게임 ... 46
추정하기 ... 48
생각의 함정 ... 50
언어를 통한 소통 ... 52
지능 ... 54
문제 해결 ... 56
창의성 기르기 ... 58
감정이 풍부한 뇌 ... 60
감정, 제대로 알자 ... 62
즐거움과 위험 ... 64
두려움, 스트레스, 공포증 ... 66
싸우거나 도망치거나! ... 68
오류 부호 ... 70

결론 ... 72
지은이의 말 ... 73
두뇌 게임 ... 74
용어 설명 ... 76
두뇌 게임 정답 ... 77
찾아보기 ... 78

서문

여러분이 지금 이 글을 읽고 있다면 탁월한 선택이에요! 이 책을 다 읽고 나면 자신의 뇌가 무척 자랑스러워질 거예요. 인간의 뇌는 가장 위대하고 정교하고 난해한 자연의 산물이니까요.

작지만 강력하다!

방 하나를 가득 채울 정도로 수많은 최신형 컴퓨터를 다 합쳐도 우리 뇌의 성능을 따라갈 수 없어요. 그런데 뇌를 가동하는 데는 전구 하나 켤 때보다도 적은 에너지밖에 필요하지 않아요. 사용 설명서도 따로 없지만, 뇌는 쓰면 쓸수록 더 원활하게 작동합니다.

고대인들의 시각

옛날 사람들은 뇌에 별로 관심이 없었어요. 고대 중국 의사들은 뇌를 콩팥의 일부라고 생각했고, 고대 그리스 과학자 아리스토텔레스는 뇌가 심장과 혈액의 온도를 유지하는 장치라고 믿었습니다. 고대 이집트인은 죽은 사람을 미라로 만들어 보존할 때 뇌는 없어도 된다고 여겨서 코를 통해 갈고리를 넣어 뇌를 끄집어낸 뒤 버렸다고 해요.

무한한 가능성

고대인들이 이렇게 생각한 이유를 짐작하기는 어렵지 않아요. 분홍색과 회색이 섞인 젤리 같은 덩어리를 굳이 연구할 필요가 없어 보였을 거예요. 그러나 뇌가 없으면 인간은 생존할 수 없지요. 뇌가 있어야 무슨 작업이든 수행할 수 있고, 사실과 사물과 얼굴을 기억하고, 발명을 하고, 음악과 미술을 창조해 내고, 글을 쓸 수 있어요

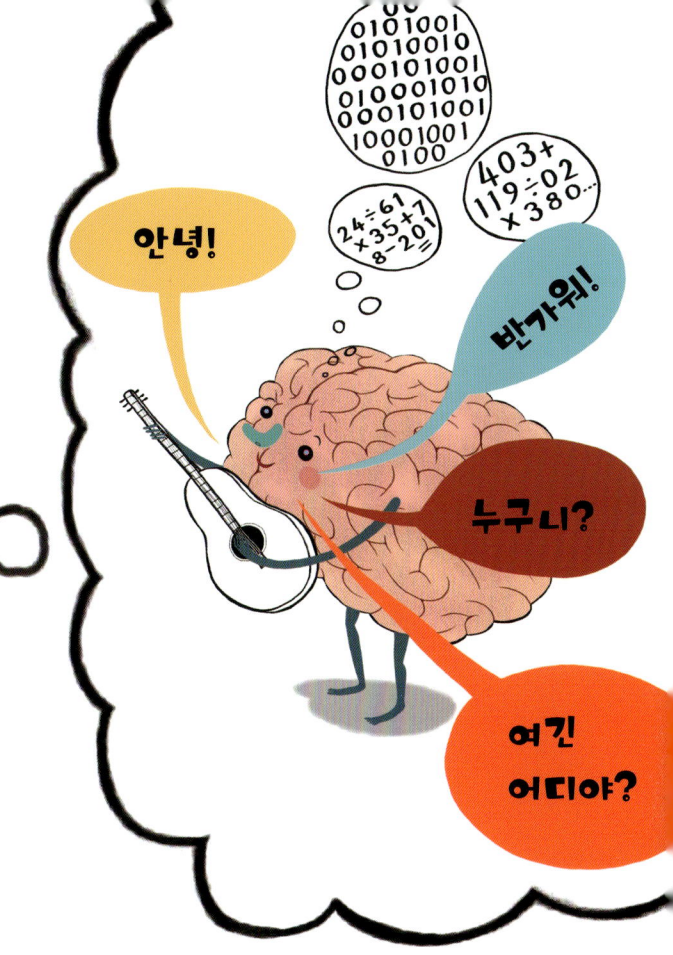

끝없는 학습

다른 생물의 뇌와 달리 인간의 뇌는 옳고 그름을 판별하고, 다수의 언어를 배워 사용하고, 미래를 상상할 수 있게 해 줍니다. 어떤 생물도 인간처럼 다양한 기능과 역할을 수행하지 못해요. 모두 인간의 뇌 덕분이죠. 최근에는 뇌와 신경계를 연구하는 신경 과학을 통해 뇌가 작동하는 원리와 뇌가 저지르는 실수가 밝혀지고 있어요.

이 책은 뇌가 어떻게 작동하는지, 혹은 왜 제대로 작동하지 않는지 알아가도록 도와줄 거예요. 이제 뇌를 모든 각도에서 탐구해 봐요.

> 뇌가 기억을 끊임없이 편집하고 수정한다는 사실을 알고 있나요?

1부:
뇌를 해부하다

생각하고 문제를 해결하고 감정을 조절하기는 쉽지 않아요. 그럴 때 뇌가 도움을 주지요. 부드럽고 말랑한 뇌는 여러 부위로 나뉘는데 이러한 부위들의 협업을 통해 아침부터 밤까지 수많은 기능을 수행할 수 있는 거예요.

뇌의 중앙에는 '원시 뇌'가 자리하고 있어요. 다른 동물들의 뇌에서 발견되는 구조와 유사해서 이런 이름이 붙었지요. 뇌의 대부분을 차지하는 대뇌가 인간을 다른 동물과 구분 지으며 현존하는 그 어떤 슈퍼컴퓨터보다 뛰어난 정보 처리 능력을 제공합니다.

하지만 그런 능력도 뇌에 소통 기능이 없다면 아무 소용없어요. 뇌는 실로 경이로운 신경, 감각 기관, 화학 물질 연결망을 통해 인체 구석구석에 있는 각종 기관과 정보를 교환해요. 때로는 인체 밖으로부터 정보를 습득하기도 하지요.

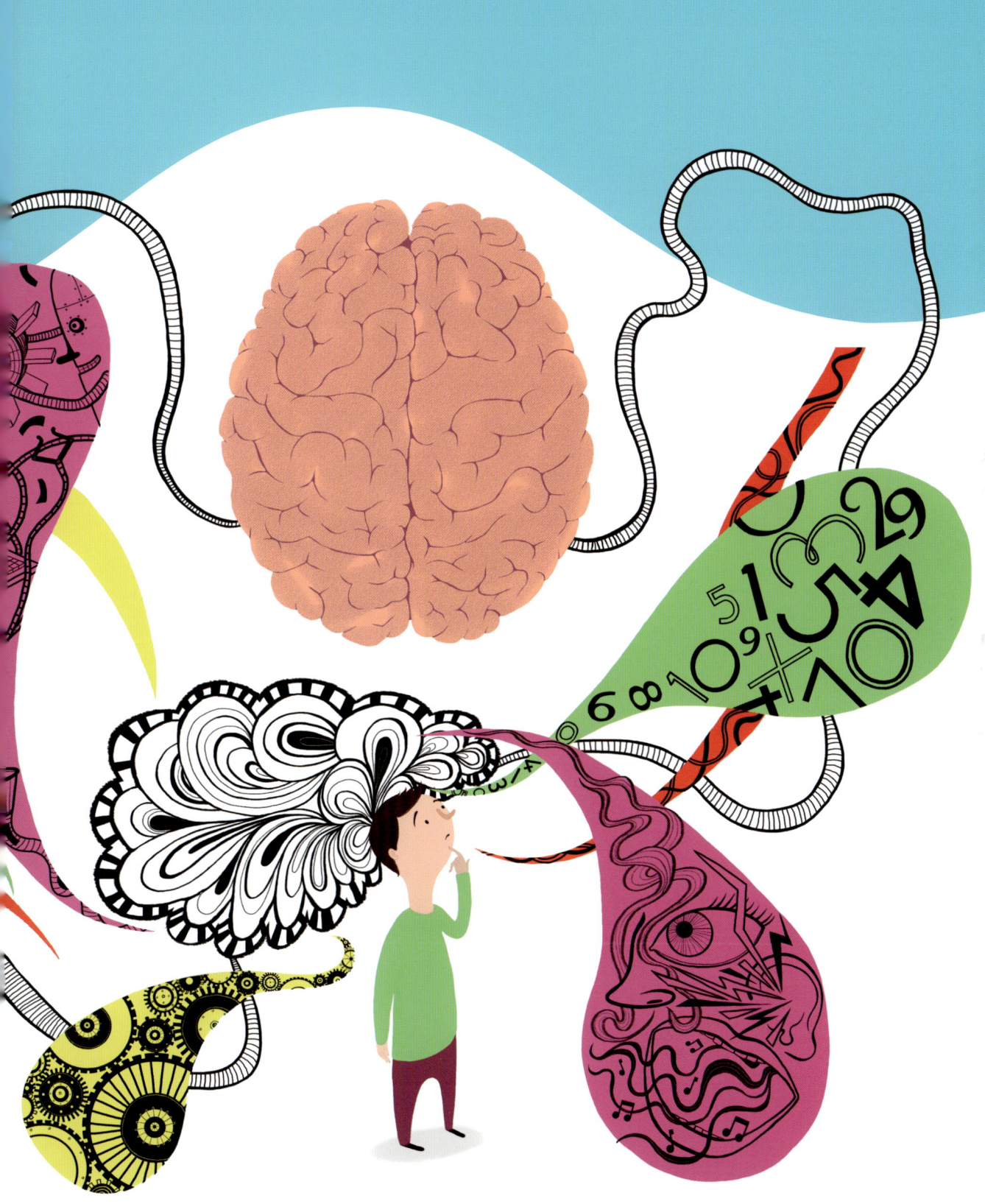

소중한 뇌

뇌는 크기가 작은 콜리플라워만 해요.
연약하지만 그만큼 보호막이 튼튼하지요.

뇌는 외부 충격을 흡수해 주는 액체 안에 떠 있는 상태인데, 이 액체는 최대 150밀리리터 정도예요. 이 액체는 뇌가 아래로 쏠려 뇌줄기를 짓누르지 않도록 막아 주는 역할도 합니다. 뇌의 바깥 표면은 뇌막이라는 얇지만 질긴 조직으로 둘러싸여 있어요. 이 모두가 일종의 헬멧과 같은 두개골 안에 들어 있으며 두개골은 여덟 조각의 뼈로 구성되어 있답니다.

대뇌 · 뇌막 · 두개골 · 뇌량 · 시상 · 뇌하수체 · 뇌줄기 · 척수 · 소뇌

뇌는 73퍼센트가 물로 이루어져 있어요.

소뇌는 균형을 유지하고 똑바로 서 있게 해 줍니다. 근육의 작은 움직임을 통제하는 역할도 하지요.

뇌줄기는 인체를 유지시켜 줘요. 호흡과 심장 박동을 포함해 몸의 기본적인 기능을 조절합니다.

뇌의 무게

성인의 뇌 무게는 1,250~1,400그램이에요. 그런데 사람보다 뇌가 더 무거운 동물도 있어요. 그건 바로 향유고래인데, 뇌의 무게가 7,800그램이나 되지요. 반면 포유류 중 가장 작은 쥐여우원숭이의 뇌는 2그램에 불과하답니다.

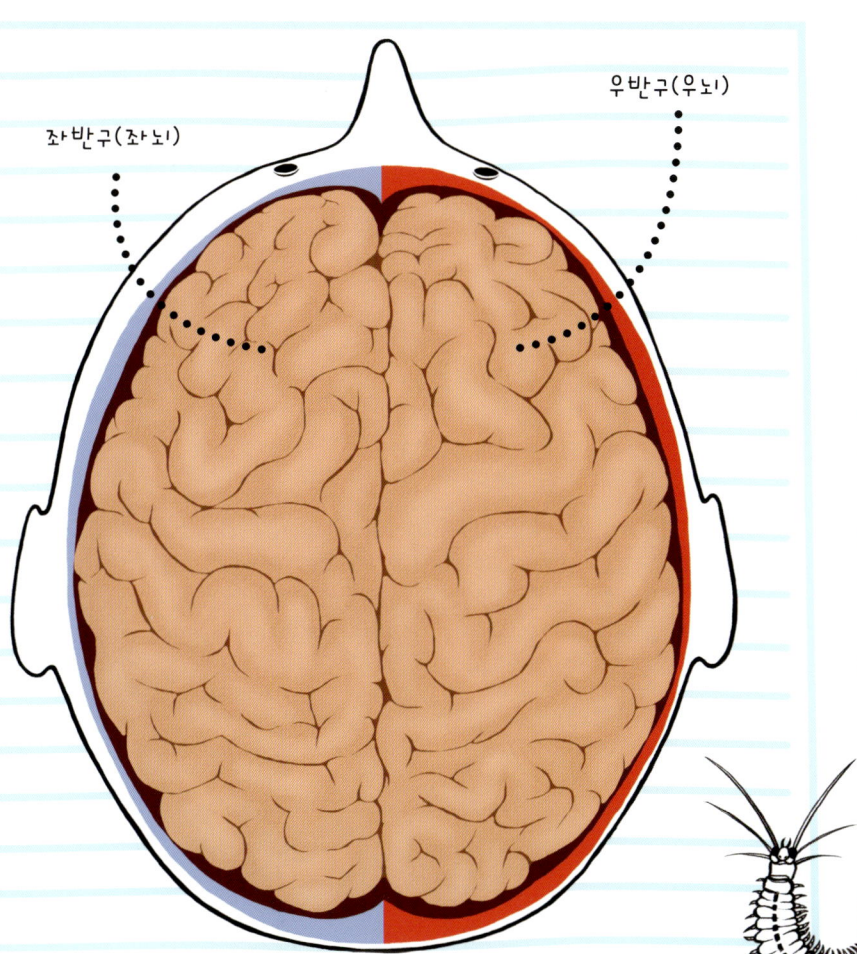

좌반구(좌뇌)

우반구(우뇌)

뇌는 반구 두 개가 합쳐진 형태예요. 두 반구는 뇌량이라는 두꺼운 신경 뭉치로 연결돼 있어요. 2억~2억 5,000개 신경 섬유로 이뤄진 초고속 브로드밴드 통신망이라고 생각하면 됩니다. 뇌량을 통해 매일 수조 개의 신호와 명령이 두 반구 사이를 오가지요. 뇌는 또 뇌줄기를 통해 척추를 지나는 중추 신경계와 연결되고, 그 중추 신경계를 통해 인체 각 부위와 연결돼 있어요.

뇌에서 가장 큰 부분을 차지하는 대뇌는 생각과 문제 해결을 담당해요.

가장 뇌가 작은 생물

플라티네레이스 두메릴리아 지렁이는 지금까지 확인된 생물 중 뇌가 가장 작아요. 크기가 사람 머리카락 한 올 두께 정도밖에 안 돼요.

네 가지 엽

뇌는 여러 부분으로 구성돼 있는데, 그중 대뇌가 전체 무게의 5분의 4를 차지해요. 대뇌는 다시 네 가지 '엽'으로 나뉘며, 각 엽이 고유의 역할을 수행합니다.

전두엽
전두엽은 제어판이에요. 여기서 생각하고 계획하고 학습하고 문제를 해결하지요. 또한 복합적인 감정이 생성되고 성격이 만들어져요.

대뇌 바깥 표면인 대뇌 피질은 주름이 매우 많아요. 이 주름 덕에 뇌의 표면이 넓어져 더 많은 정보를 처리할 수 있는 거지요. 대뇌 피질 주름이 모두 똑바로 펴지면 머리가 물놀이용 비치볼만큼 커져야 할 거예요.

측두엽
청각을 관장하면서 소리를 해석하고 언어를 이해하게 해 줘요. 또 기억이 형성되도록 도와주지요.

대뇌 피질 주름을 모두 평평하게 펴면 그 면적은 1.5제곱미터나 된답니다.

두정엽
촉각, 온도, 통증 등의 감각을 처리하고, 관절과 근육의 정확한 위치를 파악해요.

뇌 연구실

간지럼 테스트

자기 자신을 간지럼 태울 수 있을까요? 아마 안 될 거예요. 다른 사람은 나를 간지럽게 할 수 있지만 내가 스스로 그렇게 할 수 없는 까닭은 손가락의 움직임을 미리 예측하고 피부의 간지러운 감각을 인식하는 소뇌의 작용 때문이에요.

후두엽
눈이 끊임없이 수집하는 일련의 정보를 대부분 여기서 처리해요. 색깔을 인식하고, 움직임을 감지하고, 거리를 측정하고, 사물을 식별하지요. 머리를 세게 얻어맞았을 때 별이 보이는 것도 후두엽 뇌세포가 충격을 받아 나타나는 현상이에요.

쇠막대기

1848년 미국 철도 노동자 피니어스 게이지는 길이 1미터 쇠막대기가 두개골을 관통하는 사고를 당했어요. 그는 기적적으로 목숨을 건졌지만, 이후 완전히 다른 사람이 됐어요. 전두엽 일부가 손상되는 바람에 감정 조절과 의사 결정에 큰 어려움을 겪었지요. 이는 뇌의 각 부위가 제각기 다른 역할을 하고 있음을 보여 주는 첫 증거 사례가 되었답니다.

신경 고속도로

매 순간 수백만에 달하는 미세한 전기 박동이 경주용 스포츠카보다 빠른 속도로 우리 몸을 훑고 지나갑니다. 이런 신경 박동은 대개 뇌에서 출발하거나 뇌를 향해 진행하며 신경계를 따라 움직여요.

신경과 뉴런

우리 몸을 채우는 신경은 수만 킬로미터에 달해요. 각 신경은 뉴런이라는 세포로 이뤄진 섬유 뭉치로 만들어져요. 신경은 우리 몸의 모든 부위에 퍼져 있어요. 운동 신경은 뇌에서 보내는 신호와 명령을 몸의 각 부위에 전달하고, 감각 신경은 몸에서 수집한 신호를 뇌로 운반해요.

너와 나의 연결 고리

뉴런의 한쪽 끝은 덩굴 모양의 수상 돌기, 나머지 끝은 가지 모양의 축삭 돌기로 이루어져 있어요. 수상 돌기는 인접한 뉴런과 연결되는데, 그 연결 부위를 시냅스라고 해요. 시냅스는 미세한 접합점 또는 미세한 틈이에요. 뉴런과 뉴런이 연결되면 한쪽 뉴런의 신경 박동이 화학 물질인 신경 전달 물질을 이용해 시냅스를 통과하고, 그 자극이 다음 뉴런의 전기 박동을 유발하게 됩니다. 알고 보면 이렇게 복잡한 과정을 거치지만, 우리 몸을 시속 400킬로미터 이상의 빠른 속도로 이동하는 신경 신호도 있어요.

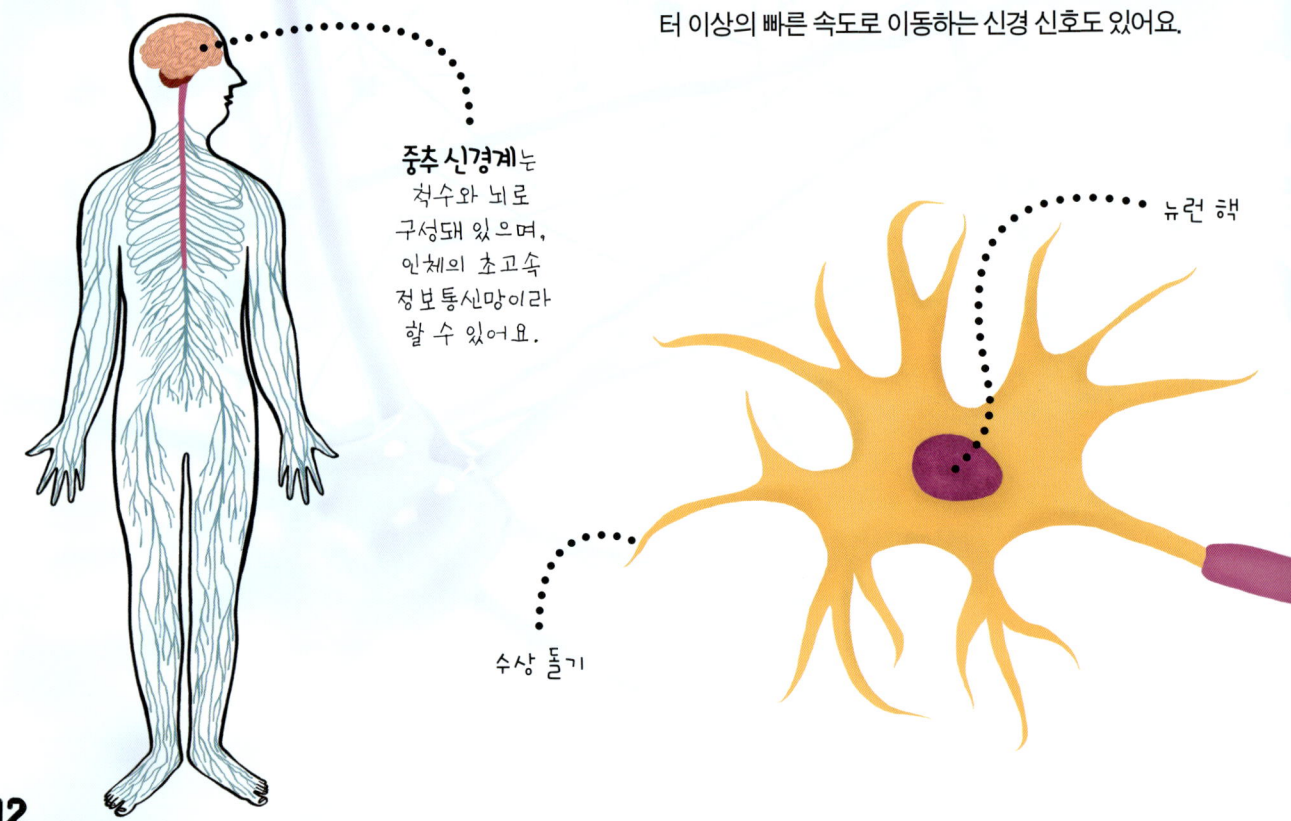

중추 신경계는 척수와 뇌로 구성돼 있으며, 인체의 초고속 정보통신망이라 할 수 있어요.

뉴런 핵

수상 돌기

뇌 연구실

손발 맞추기

오른발을 바닥에서 떼고 허공에서 시계 방향으로 원을 그리며 일정한 속도로 돌려 보세요. 동시에 오른손 집게손가락으로 역시 허공에서 숫자 6을 반복해 써 보세요. 6을 몇 번 쓴 다음 오른발을 내려다보세요. 자신도 모르는 사이에 원을 그리는 방향이 바뀌어 있을 거예요! 숫자 6은 시계 반대 방향으로 쓰게 되니 뇌가 그에 맞추어 발의 운동 방향을 바꾼 것이랍니다.

좌뇌와 우뇌

뇌와 신경계는 좌뇌가 몸의 오른쪽을, 우뇌가 몸의 왼쪽을 통제하도록 엇갈려 연결되어 있어요. 이 때문에 몸의 어느 한쪽에서 서로 반대 방향을 향하는 두 가지 운동을 동시에 수행하려 할 때 뇌가 이를 제대로 조율하지 못하는 경우도 생겨요. 뇌 연구실 손발 맞추기의 내용처럼 오른발과 오른손 모두 좌뇌가 관장하다 보니 뜻한 대로 움직이지 못하는 상황이 발생하기도 해요.

축삭 돌기 끝부분은 여러 갈래로 갈라지는데 이를 말단이라고 해요.

신경 박동이 다음 뉴런으로 이동해요.

전기 박동 (1볼트의 약 10분의 1)

뇌는 신경계로부터 1초당 1,100만 건의 정보를 받아요.

신속 대응

어떤 신경 신호는 뇌에 이르지 않고 척수까지만 전달돼요. 이런 신호를 받은 척수는 신속 대응 명령을 내리는데, 이를 반사 작용이라고 불러요. 우리 몸을 보호하기 위한 반사 작용에는 기침이나, 재채기, 뜨겁거나 날카로운 것에 닿았을 때 급히 손을 떼는 행동 등이 포함됩니다.

마음의 메신저

신경만으로는 충분하지 않아요. 우리 몸은 호르몬이라는 놀라운 화학적 메신저 시스템을 갖추고 있어요. 호르몬은 우리가 먹고 자고 성장하는 데 영향을 줘요. 이를 내분비계라고 하지요.

인스턴트 메신저

호르몬은 췌장과 위 등의 기관, 또는 갑상선과 부신 같은 작은 분비샘에서 만들어져요. 성장 호르몬 등 일부는 몸 전체에 작용하고 나머지 호르몬은 특정한 목적에 사용되지요. 예를 들어서 티록신은 대사율, 즉 체세포가 음식을 에너지로 전환하는 속도를 조절할 수 있게 도와줍니다.

지휘 계통

분비샘은 뇌의 시상 하부가 총괄하는 지휘 계통 안에 있어요. 시상 하부는 몸이 균형을 유지하고 있는지 항상 점검하는데, 원활하게 작동하지 않을 경우 완두콩 크기의 뇌하수체에 신호를 보내요. 관리자 역할을 하는 뇌하수체는 그 신호에 따라 호르몬을 보내서 관련된 분비샘과 기관이 호르몬을 분비하도록 명령하지요.

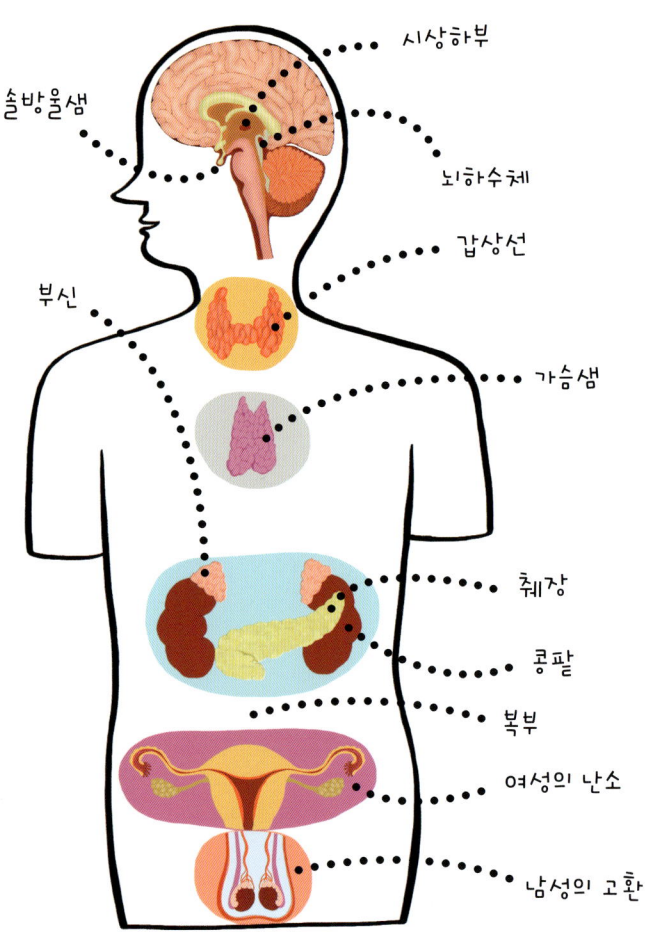

포옹은 유대감을 높이고 스트레스를 덜어주는 옥시토신이란 호르몬의 분비를 촉진해요.

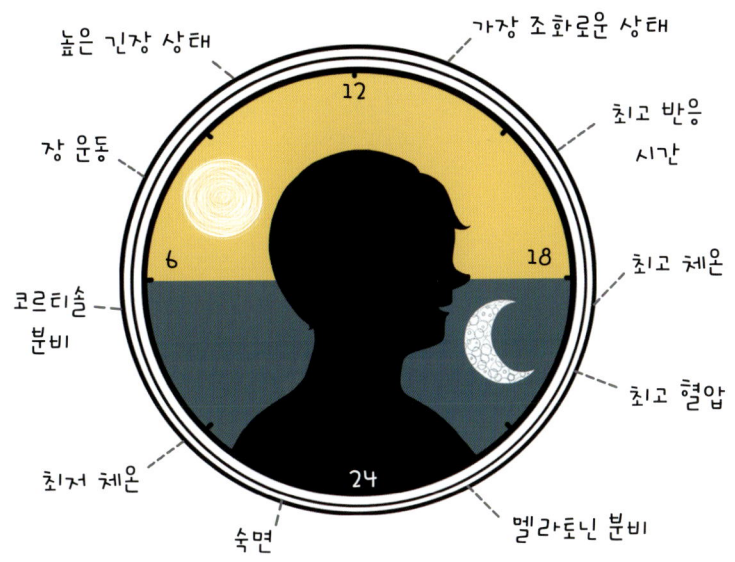

튀르키예인 술탄 쾨센은 성장 호르몬이 지나치게 분비되어 키가 2.51미터까지 자라 세계에서 가장 키가 큰 사람이 됐어요.

2.51 M

체내 시계

멜라토닌은 시상 하부의 지시에 따라 솔방울샘에서 분비하는 호르몬이에요. 시상 하부에서 멜라토닌 분비를 지시하는 부위를 시신경 교차 상핵(suprachiasmatic nuclei), 줄여서 SCN이라고 불러요. SCN은 호르몬을 이용해 체내 시계 역할을 하고 있어요. 24시간 순환 과정으로 체온 변화부터 장 운동까지 몸의 활동을 계획해요. SCN은 저녁에 멜라토닌 수위를 높여 우리가 잠자게 하고 아침에는 이를 낮춰서 맑은 정신을 되찾게 하지요.

시계가 안 맞아!

SCN은 눈으로 들어오는 빛을 이용해 시간을 맞춰요. 그래서 시차가 있는 곳으로 장거리 여행을 할 때는 체내 시계가 실제 시간과 어긋나 '시차증'이란 피로감을 느끼게 돼요.

청소년의 시간

체내 시계는 사람에 따라 약간 다르게 작동해서 일찍 일어나는 아침형 인간과 밤늦도록 깨어 있는 저녁형 인간이 있어요. 10대 청소년의 체내 시계는 대개 성인보다 늦은 시간대에 맞춰져 있지요. 그래서 늦게 잠들고, 일찍 일어나기 어려워하는 거예요.

감각 이해하기

감각 기관들은 우리 몸과 주변 환경에 대한 정보를 수집해 뇌로 보내요. 수집한 정보의 측정과 판단은 뇌가 담당하지요.

뇌 연구실

온도 감각 속이기

동전 두 개를 냉장고에 20분 동안 넣어둬 차갑게 만들어요. 차가워진 두 동전을 탁자에 올려놓고, 두 동전 사이에 냉장고에 넣지 않은 일반 동전을 놓아요. 차가운 동전 두 개에 각각 집게손가락과 약손가락을, 차갑지 않은 동전에 가운뎃손가락을 대 보세요. 가운뎃손가락도 차가운 동전을 만지고 있다는 느낌이 들 거예요.

놀라운 진실: 인간의 감각은 다섯 가지다?

우리는 미각, 촉각, 시각, 청각, 후각 등 다섯 감각이 있다고 생각하는데, 신경 과학자들에 따르면 열 가지가 넘는다고 해요! 여기에는 균형을 유지하는 평형 감각, 고통을 느끼는 통증 감각, 그리고 뜨겁고 차가운 것을 감지하는 온도 감각 등이 포함돼요.

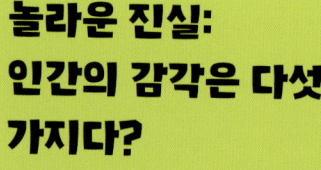

통증 감각

평형 감각

온도 감각

내 팔을 찾아줘

고유 수용 감각은 몸의 각 부위가 매 순간 어디에 있는지 인식하는 감각을 말해요. 눈을 감고 두 팔을 머리 위로 들어 두 손의 집게손가락을 맞대 보세요. 눈으로 확인하지 않고도 할 수 있는 이유는 뇌가 팔의 관절 각도와 근육 길이 등을 계산해 두 손가락의 위치를 파악하기 때문이에요.

뇌 연구실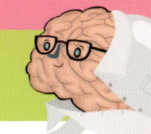

바닥을 뚫고 떨어지는 다리

친구의 고유 수용 감각을 속여 봐요. 친구가 바닥에 편안하게 누워 눈을 감게 해요. 양쪽 다리를 들어 수직으로 세우고 2분 동안 유지합니다. 그런 다음 아주 천천히 다리를 다시 바닥에 내려놓아요. 그러면 친구는 다리가 바닥을 뚫고 아래로 떨어지는 느낌을 받았다고 할 거예요. 뇌가 다리 위치를 잊어버리고 바닥에 닿기도 전에 이미 바닥에 놓여 있다고 생각하기 때문이지요.

귀

귀는 미세한 진동을 일으키며 이동하는 음파를 수집해요. 귀에 들어온 음파가 고막을 진동시키면 달팽이관이 전기 신호로 바꿔 청신경을 따라 뇌로 보내요.

이소골은 우리 몸에서 가장 작은 세 개의 뼈를 말하는데, 음파에 의한 진동을 증폭시켜 주지요.

달팽이관

고막

음파

쉬지 않는 귀

귀는 음파 수집 활동을 멈추는 법이 없어요. 잠잘 때도 일을 계속하지만, 그럴 때는 뇌가 귀에서 보내는 신호에 거의 주의를 기울이지 않지요. 뇌는 깨어 있을 때 환풍기 소리나 기계음 같은 배경음을 걸러내는 능력도 있어요. 그래서 주변 소음이 있어도 누군가의 말소리처럼 새롭거나 흥미로운 소리에 집중할 수 있는 거예요.

미각, 촉각, 후각

모든 감각이 생존에 필수적이지만,
때때로 뒤섞이기도 해요.

소리를 보고, 색깔을 듣고

공감각은 여러 가지 감각이 한데 뒤엉키는 드문 현상이에요. 공감각이 나타나면 소리를 듣고 맛을 느끼거나, 특정 색깔을 보면서 강한 냄새를 느끼는 현상이 발생해요.

감촉 느끼기

피부 바로 아래에 수백만 개의 촉각 수용체 세포가 존재해요. 이 세포들은 진동과 질감, 압력의 크기를 구별해 내지요. 촉각 수용체 세포는 우리 몸에 고르게 분포돼 있지 않아요. 예를 들어 등의 가운데 부위에는 매우 적은 반면, 입술과 손가락 끝에는 매우 많아서 아주 민감해요.

촉각이 민감한 부위일수록 크게 묘사된 사람 그림을 **호문쿨루스**라고 하는데, 손이 크게 그려져요.

나이가 들면 미각이 약해지거나 변해요. 어릴 때 싫어했던 음식을 어른이 돼서

냄새 맡기

우리는 코 내부 위쪽에 붙어 있는 작은 세포들을 통해 수천 가지, 어쩌면 수백만 가지의 냄새를 맡아요. 뇌는 새로운 냄새를 탐색하기도 하고 익숙한 냄새에 싫증을 내기도 해요. 후각구가 뇌로 보내는 냄새 신호는 종종 과거의 기억을 되살려 주지요. 이런 현상은 뇌에서 기억 형성을 담당하는 기관인 편도체 및 해마와 밀접하게 관련돼 있어요.

뇌 연구실

두 개의 코

촉각은 아리스토텔레스 착각 현상에 의해 혼란을 겪기도 해요. 가운뎃손가락과 집게손가락을 서로 꼬아서 V자 형태로 만든 뒤 코를 만져 보세요. 갑자기 코가 두 개인 것처럼 느껴지지 않나요? 두 손가락의 바깥 면이 동시에 특정 물체에 닿는 경우 물체가 반드시 두 개일 것이라고 뇌가 추론하기 때문에 나타나는 현상이에요.

맛보기

맛을 느끼는 역할은 혀, 볼 안쪽, 입천장 등에 위치한 미뢰가 담당해요. 미뢰는 단맛, 신맛, 짠맛, 쓴맛, 감칠맛(버섯과 고기에서 느낄 수 있는 풍미) 등 다섯 가지 맛의 조합을 감지해요. 맛은 냄새에 크게 좌우돼요. 코를 막고 눈을 감은 채 똑같은 크기로 자른 사과와 생감자를 먹으면 맛의 차이를 구별하기 어려워요.

후각 수용체 세포
비강
후각구
미뢰

좋아하게 되는 이유는 이 때문이에요.

눈을 통해 만나는 세상

젤리 같은 작은 공 두 개가 그 어떤 신체 부위보다 많은 정보를 수집해서 알려 줘요. 모두 천하무적 뇌와 직접 연결돼 있기 때문이에요. 이제 눈과 시각의 세계에 대해 알아봐요.

빛의 여정

빛은 보호 기능을 가진 투명한 각막을 통해 우리 눈에 들어와서 눈동자를 통과한 뒤 수정체에 의해 안구 뒷부분의 망막에 투영됩니다. 망막은 1억 개가 넘는 시각 세포(색을 감지하는 원추 세포, 빛과 어둠을 감지하는 간상세포로 나뉜다)로 덮여 있는데, 이 세포들이 빛을 전기 신호로 변환해요. 변환된 신호가 시신경을 따라 뇌로 이동하면 뇌는 눈이 본 것을 식별하고 이해하지요.

섬모체근은 수정체를 구부려 거리에 따라 사물의 초점을 맞춰요.

빛은 눈에서 굴절되기 때문에 망막에 맺힌 이미지는 위아래가 뒤집힌 상태이지만, 뇌가 이를 뒤집어 정상적 상태로 되돌려요.

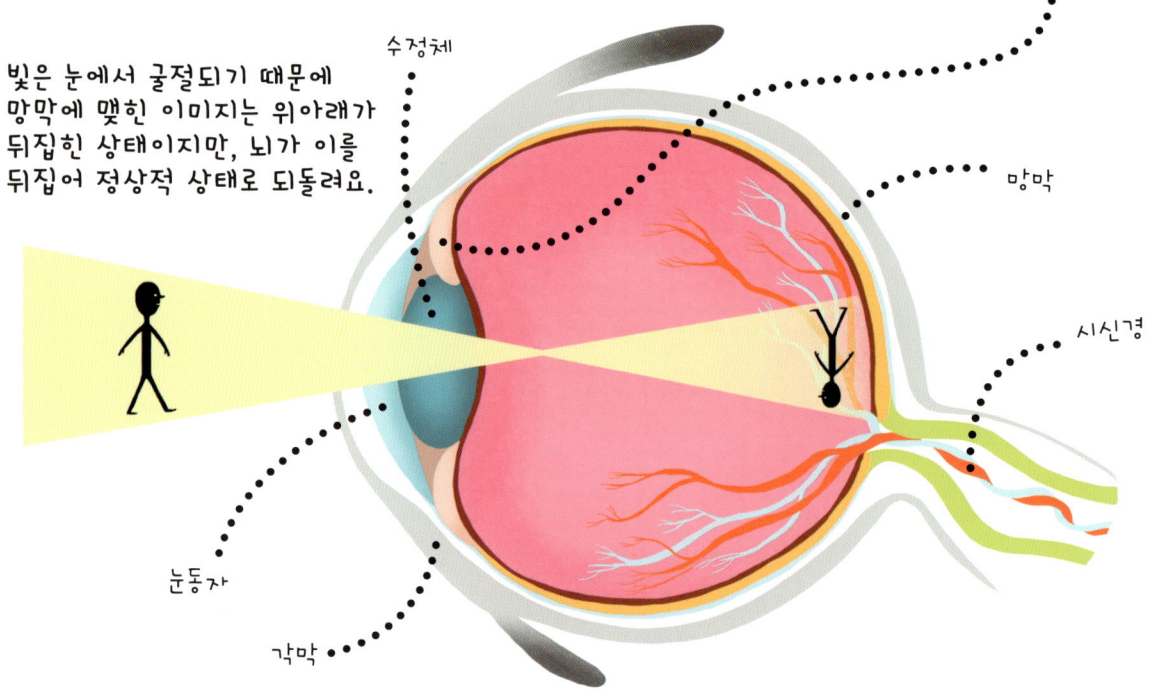

수정체 / 망막 / 시신경 / 눈동자 / 각막

두 눈의 해상도는 각각 576메가픽셀로, 아이폰X보다 48배 높아요.

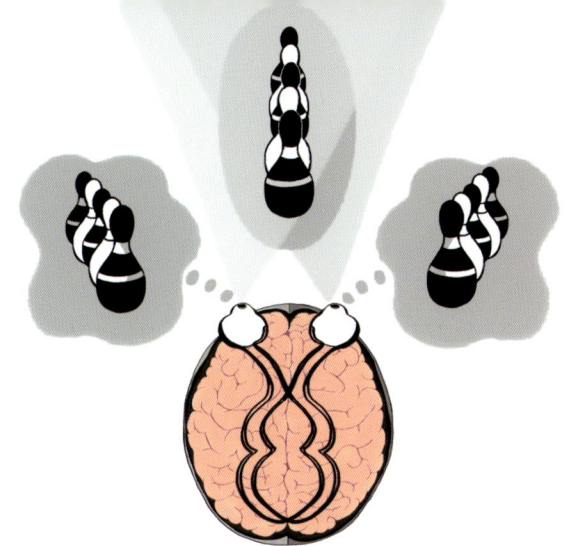

뇌 연구실

손에 구멍 뚫기

뇌가 양쪽 눈에서 전달받은 이미지를 어떻게 합성하는지 알아봐요. 종이를 파이프처럼 둥글게 말아서 한쪽 끝을 왼쪽 눈에 대고 들여다보세요. 이때 오른쪽 눈도 함께 뜹니다. 종이 파이프의 3분의 2 정도 되는 지점에서 오른쪽 손바닥이 오른쪽 눈을 향하도록 들어 올리세요. 오른손에 생긴 구멍이 보이나요?

눈에는 눈

머리 앞쪽에 있는 두 개의 눈 덕에 우리는 깊이를 인지하고 세상을 3차원으로 볼 수 있답니다. 두 눈이 각각 똑같은 장면의 이미지를 뇌로 보내면 뇌는 두 이미지의 미세한 차이를 파악해 깊이와 거리를 계산해요.

착시 현상

착시는 눈의 물리적 작동이 방해를 받거나 눈이 보낸 이미지를 뇌가 이해하는 과정에서 혼란이 생길 때 일어나요. 후자를 인지적 착각이라고 불러요.

다음 두 그림에서 각각 안에 들어 있는 사각형을 살펴보세요. 어느 쪽이 더 밝나요? 사실 둘 다 같은 색이에요. 뇌는 사물의 색을 때때로 주변의 색과 비교해 인식해요. 사각형과 인접한 주변 색의 밝기에 따라 사각형의 밝기가 달라 보이게 되지요.

영리한 사파리

다른 생물도 인간만큼 뇌가 정교할까요? 몇몇 생물은 비교 대상조차 되지 못해요. 해파리, 조개, 불가사리는 아예 뇌가 없어서 신경망에 의존해 살아갑니다. 뇌가 있다 해도 인간의 뇌와는 전혀 다르지요.

대왕오징어

멍게

위험한 도넛

대왕오징어는 몸길이가 13미터, 체중이 500~690킬로그램에 달하지만, 뇌의 무게는 고작 레몬(100그램) 한 개만 해요. 더욱이 도넛처럼 뇌의 중앙에 구멍이 뚫려 있고, 섭취한 음식물이 그 구멍을 통해 지나다녀요. 구멍의 폭이 1센티미터 정도밖에 되지 않아서, 대왕오징어는 뇌에 상처가 날까 봐 부피가 큰 먹이를 삼키지 못하지요.

뇌를 먹는다고?

멍게는 성장하면 한 자리에 머물러 살기 때문에 더 이상 뇌가 필요하지 않아요. 그래서 자기 뇌를 먹어 버려요! 이와 반대로 아홀로틀(점박이도롱뇽과의 양서류)은 뇌를 무척 아끼지요. 뇌의 일부가 손상되면 필요할 경우 다시 자라게 할 수 있어요.

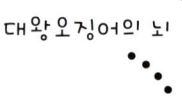
대왕오징어의 뇌

아홀로틀

잠자는 고래

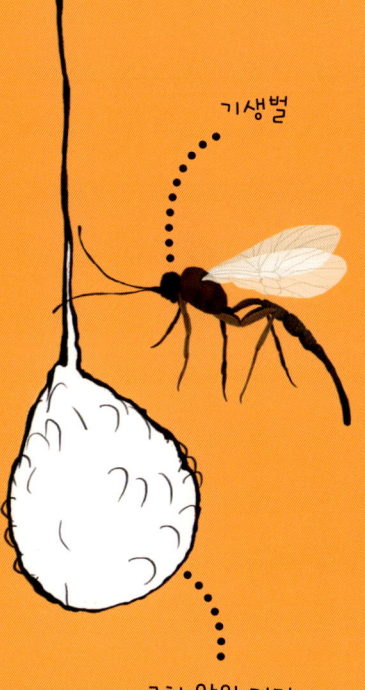

기생벌

고치 안의 거미

작지만 대단해!

쥐의 뇌는 무게가 0.5그램도 안 되지만 뇌세포 연결점이 600억 개가 넘어요. 이 때문에 지금까지 개발된 가장 빠른 슈퍼컴퓨터보다 더 강력한 성능을 자랑해요.

뇌의 반은 수면 중

고래와 돌고래 같은 생물은 수면과 활동을 동시에 하며 '반만 잠들어 있을 수 있는' 재주를 지녔어요. 뇌의 절반이 휴식을 취하는 동안 나머지 절반은 깨어 있는 것이죠. 눈도 한쪽만 뜨고 있어요. 깨어 있는 절반의 뇌는 뜨고 있는 눈을 통해 들어오는 정보를 파악한답니다.

뇌를 조종한다고?

일부 생물은 다른 생물의 뇌를 조종할 수 있는 능력이 있어요. 기생벌은 거미의 몸 안에 자기 새끼들을 여러 가지가 혼합된 화학 물질과 함께 주입해요. 이 화학 물질이 거미를 조종해 거미집을 만드는 대신 자신의 몸통을 거미줄로 감아 고치를 만들게 하지요. 새끼 기생벌들은 그 고치 안에서 무방비 상태인 거미를 갉아먹으며 자라요.

2부:
마음 정비공

인간의 뇌는 잉태되는 시점에 마침표만 한 크기였다가 자궁 안에서 빠르게 자라요. 임신 기간 내내 뉴런이라는 뇌세포를 수없이 만들어 내는 것이죠. 그러다 출산 시점에 다다르면 뉴런이 거의 1,000억 개에 달한답니다.

물론 여기서 끝나지 않고 뇌는 평생 끊임없이 변화해요. 매일 감각 기관에서 정보를 받아들이며 수많은 결정을 내리고 있지요. 동시에 뇌세포들 간의 연결과 단절을 통해 방대한 분량의 사실과 경험을 기억으로 저장해요.

이 모든 일을 해내려면 자원이 많이 필요하지요. 뇌는 놀라울 만큼 많은 에너지를 소비해요. 또 물을 충분히 섭취하고 수면을 충분히 취해야 뇌가 잘 작동할 수 있답니다.

뇌에 대한 황당한 생각

신경 과학이 발달하여 뇌의 작동 원리를 밝혀내기 전까지는 뇌에 대한 황당한 주장이 널리 퍼져 있었고 괴이한 치료법이 나돌았어요.

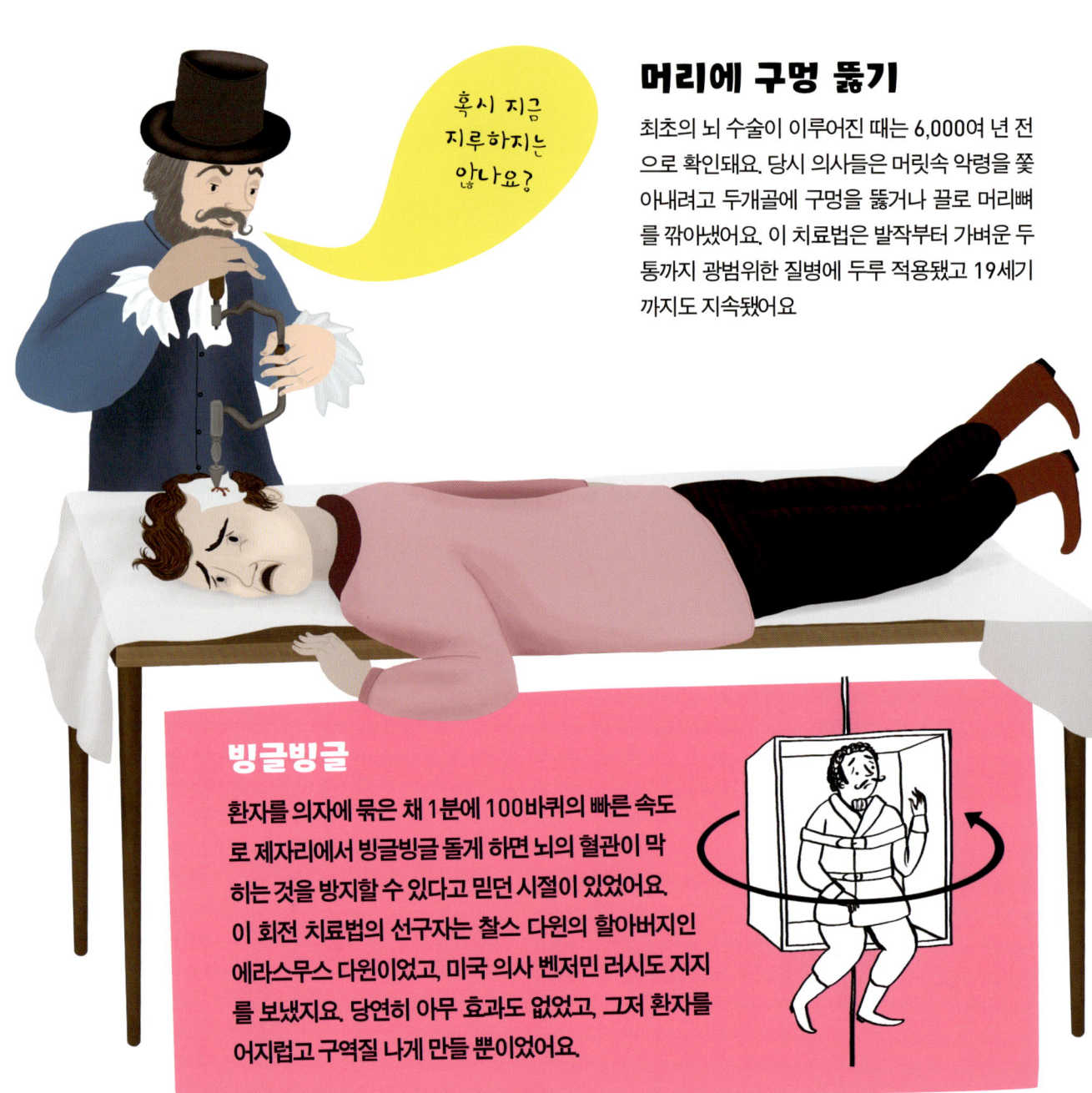

혹시 지금 지루하지는 않나요?

머리에 구멍 뚫기

최초의 뇌 수술이 이루어진 때는 6,000여 년 전으로 확인돼요. 당시 의사들은 머릿속 악령을 쫓아내려고 두개골에 구멍을 뚫거나 끌로 머리뼈를 깎아냈어요. 이 치료법은 발작부터 가벼운 두통까지 광범위한 질병에 두루 적용됐고 19세기까지도 지속됐어요.

빙글빙글

환자를 의자에 묶은 채 1분에 100바퀴의 빠른 속도로 제자리에서 빙글빙글 돌게 하면 뇌의 혈관이 막히는 것을 방지할 수 있다고 믿던 시절이 있었어요. 이 회전 치료법의 선구자는 찰스 다윈의 할아버지인 에라스무스 다윈이었고, 미국 의사 벤저민 러시도 지지를 보냈지요. 당연히 아무 효과도 없었고, 그저 환자를 어지럽고 구역질 나게 만들 뿐이었어요.

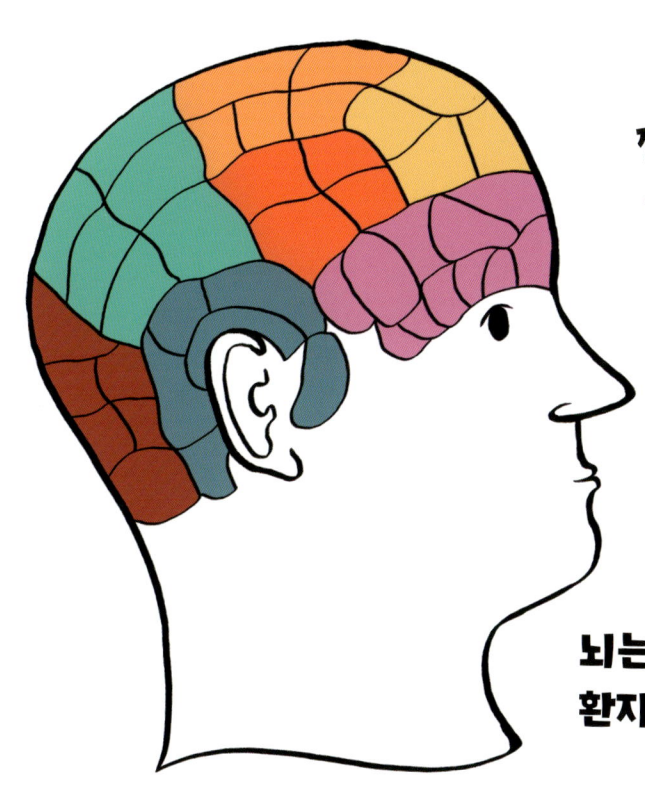

짱구는 못 말려

19세기 중반에는 두개골 형상을 바탕으로 성격을 추정하는 골상학이 유행했어요. 골상학자들은 뇌가 수십 개의 기관으로 이뤄졌으며 각 기관은 허영심, 폭력성, 친절함 등의 심리적 특성과 연관돼 있다고 믿었어요. 두개골에서 튀어 나온 부위의 크기와 모양을 보면 성격이 어떤지 알 수 있다고 주장했죠. 황당무계하긴 하지만, 당시 세계적으로 골상학 연구소가 수백 곳에 걸쳐 생겨났답니다.

뇌는 통증을 느끼지 못하기 때문에 환자가 깨어 있는 상태로 수술이 가능해요.

무선 조종 투우

1964년 스페인 의사 호세 델가도는 세계 최초로 무선조종 투우를 만들었어요. 소의 뇌에 전극을 심어 놓고 투우 실험을 진행하면서 소가 자신에게 돌진할 때마다 무선 조종기로 신호를 보냈어요. 그 신호를 받은 전극이 소의 근육에 명령을 내려 돌진을 멈추게 만들었지요.

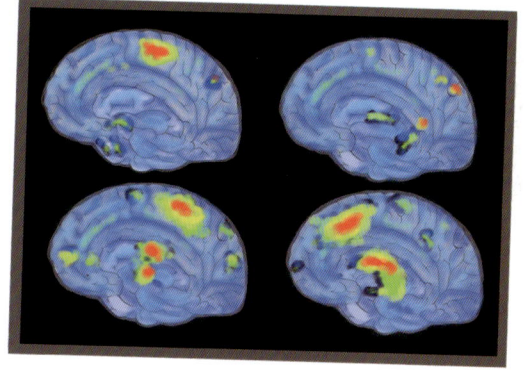

뇌 스캔의 등장

1970년대부터 과학자들은 수술을 통해 뇌를 열어 보지 않고도 뇌 스캔 장비로 뇌의 작동을 연구할 수 있게 됐어요. 예를 들어 기능성 자기공명영상(fMRI)은 뇌의 각 부위로 혈액과 함께 전달되는 산소량을 측정해 특정 시간에 어느 부위가 바쁘게 움직이는지 보여 줘요. 이를 통해 과학자들은 뇌가 특정 임무를 어떻게 수행하는지 파악할 수 있었어요.

뇌의 구성 요소

뇌 안으로 깊이 들어가서 뇌를 특별하게 만들어 주는 세포들을 살펴봅시다. 뇌에는 다양한 행동을 관장하는 뇌세포가 무수히 많아요!

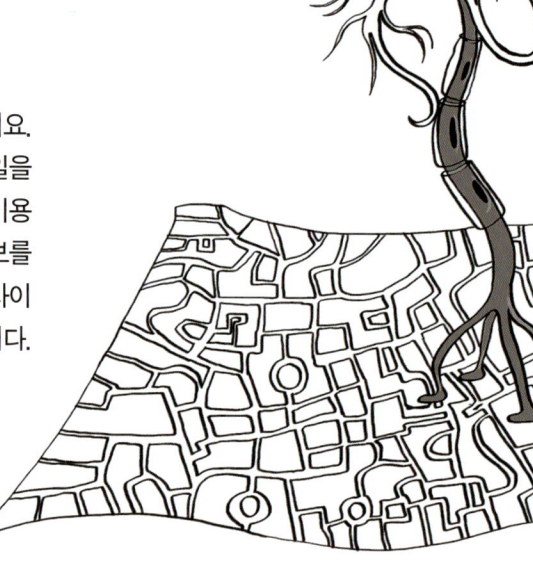

뉴런 하나가 1초당 전기 신호 1,000개를 보낼 수 있어요.

뉴런

뇌의 절반가량은 약 860억 개의 뉴런이 채우고 있어요. 뉴런은 우리가 생각하고 행동하고 배우고 기억하는 일을 담당하는 세포예요. 전기 신호와 신경 전달 물질을 이용해 서로 소통해요. 하나의 뉴런이 다른 뉴런들과 정보를 주고받는 통신선만 1만 개가 넘지요. 이렇게 뉴런들 사이에 그물처럼 형성된 통신망을 신경망이라고 부른답니다.

회색과 백색

백색질 · · · 회색질

두께가 몇 밀리미터 되지 않는 뇌의 겉면(대뇌 피질)은 뉴런의 핵으로 가득 차 있어요. 이를 회색질이라고 해요. 그 아래에 축삭 돌기(뉴런의 긴 꼬리)들로 구성된 백색질이 있어요. 뇌 안의 회색질과 백색질 비율은 평생 동안 수시로 변해요.

뉴런이 전부가 아니야

별반 언급되지는 않지만 다른 뇌세포도 존재하며 상당히 중요한 역할을 해요! 신경 아교 세포는 한때 뉴런보다 50배쯤 많다고 여겨졌는데, 현재 과학자들은 그 수를 1,000억 개 정도로 추산하고 있어요. 형태는 다양해요. 별처럼 생긴 별 아교 세포도 있지요. 신경 아교 세포는 뉴런이 제자리에 있도록 지탱해 주고, 뉴런의 활동에 필요한 영양분을 공급해 줍니다.

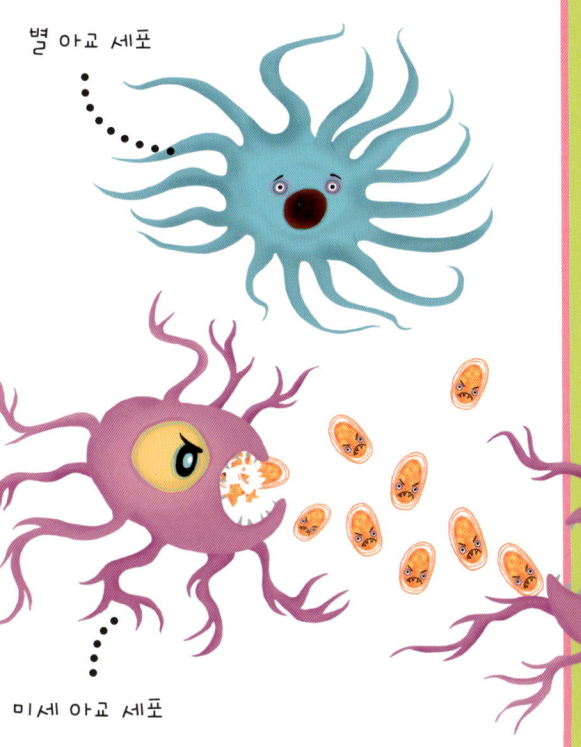

별 아교 세포

미세 아교 세포

신경 아교 세포의 일종인 미세 아교 세포는 뇌의 경비원이에요. 뇌 전체 세포 중 10분의 1 정도를 차지해요. 이 세포는 상처를 입거나 고장 난 뉴런을 찾아내고, 박테리아나 바이러스 같은 침입자를 공격해 제거해요.

매우 유연한 뉴런

뇌의 뉴런들은 수시로 연결망을 수정하며 환경 변화에 탁월하게 대응해요. 신경 가소성이라 불리는 이 능력 덕에 새로운 것을 배우고, 배운 것을 기억하며, 지금의 모습으로 존재할 수 있는 거예요. 새로운 기술이나 기억이 형성될 때마다 수많은 뉴런들이 새로운 연결 고리를 형성해요. 이 연결 고리는 사용할수록 더 강화되는데, 배운 것을 복습하거나 새 기술을 실제로 활용하면 머릿속에 더 확실히 각인되는 이유가 바로 이 때문이에요.

회복 기능

신경 가소성은 뇌 손상을 극복하게 해주기도 해요. 뇌의 특정 부위가 손상을 입었을 때 해당 부위 뉴런이 수행하던 기능을 다른 부위 뉴런들이 새로운 연결 고리를 구축하여 대신 담당하는 경우도 있어요.

뇌는 어떻게 자랄까

뇌는 세포들로 구성된 작은 관 형태로 시작하는데, 처음에는 눈에 보이지 않을 만큼 작아요. 임신 기간 동안은 물론이고 출생 이후에도 뇌는 계속 성장하고 변화해요.

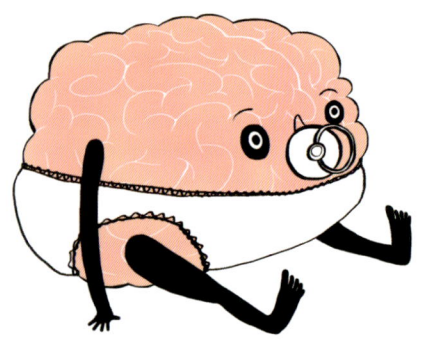

출생 시의 뇌

엄마 자궁에서 보내는 아홉 달 동안 뇌는 의미 있는 성장을 해요. 1분에 25만 개씩 새로운 뉴런이 만들어지지요. 놀랍도록 빠른 속도지만, 갓난아기의 뇌는 여전히 갈 길이 멀어요. 뉴런은 거의 다 갖춰졌는데, 뉴런과 뉴런 사이의 연결망을 이제부터 구축해야 하지요.

뇌의 놀라운 성장 속도

신생아의 뇌는 400그램 정도에서 시작해서 빠르게 자라요. 뉴런과 뉴런 사이의 연결고리(시냅스)가 불어나면서 뇌 무게도 생후 90일까지 하루 1퍼센트씩 증가하며, 그럴수록 아기는 주변 환경에 대해 많은 정보를 인지하게 됩니다. 이렇게 생후 90일 동안 뇌를 빠르게 성장시키기 위해 아기는 신체 에너지의 최대 60퍼센트를 사용하게 되지요.

아기는 생후 18개월부터 스스로를 인식하기 시작해요. 거울 속 자신의 얼굴을 알아볼 수 있게 되는 거예요.

뇌의 성장

임신 4주차 아기의 뇌는 마침표보다 작아요. 아기의 몸과 뇌는 엄마의 자궁 안에 머무는 동안, 그리고 출생한 후에 빠른 속도로 성장해요.

임신 16주

40세제곱센티미터

골프공
한 개 크기

임신 22주

100세제곱센티미터

작은 달걀
두 개 크기

쑥쑥 자라는 뇌

여섯 살이 되면 뇌는 태어날 때보다 네 배쯤 커져요. 크기는 어른 뇌의 90~95퍼센트 정도인데, 그 안에서 벌어지는 변화는 훨씬 극적이에요. 일단 뉴런 사이에 있는 시냅스 개수가 빠르게 증가해요. 아이의 뇌는 어른보다 시냅스가 두 배 많아요. 일부 뉴런은 다른 뉴런들과 1만 5,000개 이상의 연결 고리를 형성해요.

미엘린 효과

전선을 플라스틱 막이 감싸고 있는 것처럼 뉴런의 축삭 돌기는 미엘린이라는 지방질로 덮여 있어요. 미엘린은 뇌의 정보 처리 능력을 향상시켜 신호가 더 빠르게 전달되도록 도와줘요. 이런 효과는 가장 바쁜 뉴런에만 나타나며, 그 시기는 사람마다 달라요. 유년기와 청소년기에 전두엽에서 미엘린 효과(수초화 현상)가 나타나면 대개 의사 결정과 계획 수립 능력의 향상으로 이어지지요.

학습에 최적화된 뇌

엄청난 수의 연결 고리는 아직 뇌가 미숙한 시기에도 빠르고 즉각적인 학습을 가능하게 해 줘요. 아이들의 뇌는 새로운 것을 받아들이는 데 우선순위를 두고 있어서 한 가지에 잘 집중하지 못해요.

임신 30주
250세제곱센티미터
귤 한 개 크기

출생 직후
340세제곱센티미터
보통 음료수 캔 한 개 크기

생후 90일
560세제곱센티미터
큰 오렌지 한 개 크기

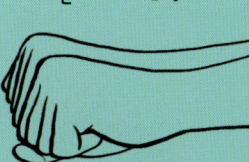

어른의 뇌 (남성)
1,270세제곱센티미터
주먹 쥔 두 손과 비슷한 크기

청소년의 뇌

청소년기는 몸과 마음 모두 큰 변화를 겪는 시기예요. 10대부터 20대 초반까지 뇌는 주요한 발달 과정을 거쳐요.

가지치기

유년기 후반부터 시작해 청소년기를 지나는 동안 뇌는 잔혹하리만치 대대적인 삭감 정책을 펴요. 사용하지 않거나 더 이상 중요하지 않다고 판단되는 수백만, 수천만 건의 뉴런 간 연결 고리를 잘라버리는 것이죠. 실제 가지치기와 비슷해서 이 과정을 '시냅스 가지치기'라고 불러요. 약한 줄기나 가지를 잘라내야 나무가 더 튼튼하게 자라는 법이죠.

뇌도 정리가 필요하다

가지치기의 결과로 회색질은 줄어들지만 남은 연결 고리들이 더 강해져 뇌는 더욱 효율적인 상태가 돼요. 10대 후반이나 20대가 되면, 가지치기를 거친 뇌는 유연성이 줄어서 새로운 것을 배우는 데 노력을 더 많이 기울여야 하지요. 그러나 훨씬 복잡한 사고를 할 수 있고, 한 가지 문제에 더 오래 집중할 수 있게 됩니다.

뇌의 뉴런 연결망

잊히는 기억

뇌를 정돈하는 과정에서 잃는 기억도 많아요. 네댓 살 이전의 개인적인 기억이 대표적이에요. 과학자들은 이런 현상을 아동기 기억 상실이라 불러요.

> 내 첫 번째 곰 인형 이름이 뭐였더라?

뒤에서 앞으로

뇌를 개편하는 작업은 뒤쪽부터 앞쪽으로 이동하며 이루어져요. 논리적 생각과 계획 수립, 행동 통제를 담당하는 전두엽은 가장 마지막에 정돈되지요. 이 때문에 청소년기에는 생각보다 행동이 앞서고, 성급하고 위험한 결정을 내리기 쉬워요.

뒤처지는 기능

뇌 기능 중에 유독 발달이 느린 것도 있어요. 미래 기억(미래에 하려고 했던 일을 해당 시점이 됐을 때 기억해 내는 능력)이 늦게 발달되는 것 중 하나예요. 미래 기억은 유년기와 20대 시기에 발달하고, 청소년기에는 그리 향상되지 않아요. 다른 예로는 고유 수용 감각과 소근육 운동이 있는데, 이런 기능은 청소년의 성장 속도를 따라가지 못해 애를 먹는답니다. 청소년기에 움직임이 어설퍼지는 이유가 이 때문이에요.

사교성

늘 뚱해 보이는 아이들도 뇌를 들여다보면 다른 사람과의 접촉을 갈망하고 있어요. 사회적 교류는 청소년이 스스로 세상을 바라보는 관점을 가다듬고, 자신을 바라보는 세상의 시선을 배우는 데 있어 매우 중요해요. 청소년은 남들과 어울려야 할 때나 남들과 자신을 비교할 때 성인보다 전전두피질을 더 광범위하게 사용해요. 그만큼 사회적 교류가 청소년에게 중요하다는 증거예요.

까다로운 친구

함께 어울리기 좋지만 요구가 너무 많은 친구가 있나요? 뇌가 바로 그래요. 뇌는 연중무휴 끊임없이 활동하기에 에너지를 엄청나게 소비합니다.

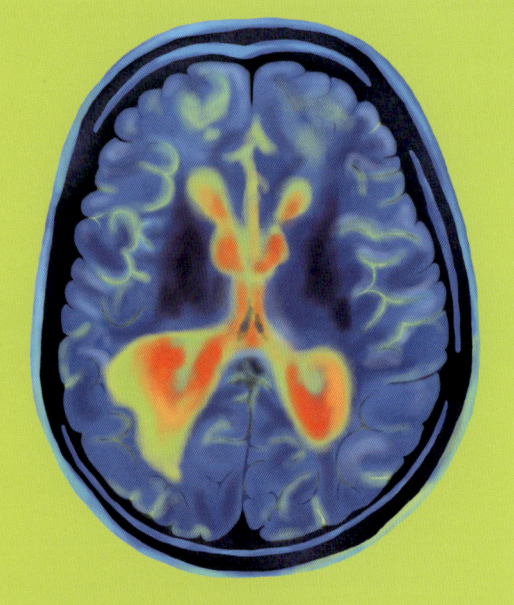

뇌는 에너지 효율이 대단히 높다고 할 수 있어요. 복잡한 계획을 세우고, 창의적인 생각을 하고, 기발한 아이디어를 내놓고, 많은 것을 배우면서 매일 몸 상태를 조율하는 역할까지 하는데, 고작 12~24와트 전력에 해당하는 에너지만 사용해요. 절전형 전구 하나 켜는 데 필요한 에너지로 뇌가 작동하고 있는 셈이에요.

하지만 에너지를 잡아먹는 하마이기도 해요. 뇌의 무게는 몸무게의 50분의 1에 불과한데, 체내 에너지와 산소를 5분의 1이나 사용하거든요. 청소년기는 빠른 성장 속도와 사춘기에 적응하고 학교생활과 대인 관계를 통해 새로운 지식을 쌓는 등 할 일이 산적해 있어 어마어마한 에너지를 필요로 하지요. 그래서 균형 잡힌 식단을 통해 필수 영양분을 공급 받아야 해요. 몸과 뇌가 에너지를 필요로 하기 때문이에요.

뇌에 대한 오해 : 우리는 뇌를 겨우 10퍼센트만 활용한다?

이 주장은 뇌 스캔 장비를 통해 사실이 아니라고 확인됐어요. 일상생활에서 상황에 따라 뇌의 전부 또는 거의 모든 부위가 활성화되는 현상이 뇌 스캔으로 밝혀졌지요.

물의 역할

놀라운 사실: 뇌는 73퍼센트가 물이에요. 수분량이 1퍼센트만 감소해도 집중력과 기억력이 급격히 떨어질 수 있으므로 매일 충실히 채워야 해요. 2퍼센트 이상 감소하면 문제 해결이나 의사 결정 능력에 지장이 생겨요. 규칙적으로 물을 마셔서 뇌의 수분량을 유지시키세요.

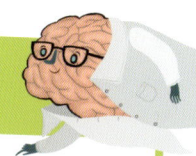

뇌 연구소

낮은 에너지 = 낮은 기능?

① 책을 한 권 골라 색인 페이지를 펴고 위에서부터 20개 항목을 읽어요. ② 휴대전화 번호를 하나 골라 종이에 쓰고 각 숫자를 다 더합니다. ③ 아까 읽었던 색인 항목 20개를 기억나는 대로 종이에 써요.
덧셈을 하느라 머릿속에서 잠시 미뤄뒀던 색인 항목이 몇 개나 생각나는지 알아보는 게임인데, 하루 중 가장 활력이 넘치는 아침 시간에 한 번, 일과를 모두 마친 저녁 시간(또는 취침 직전)에 한번 해 보세요. 차이가 있나요?

뇌와 운동

에너지와 산소는 전체 길이 640킬로미터의 혈관을 통해 뇌에 도달해요. 심장이 쉼 없이 뿜어내는 혈액은 혈관을 따라 1분당 0.75~1리터씩 흐르고 있어요. 운동은 혈액의 흐름을 향상시켜 뇌에 공급되는 산소량을 늘려서 뇌가 더 잘 작동하게 해 줍니다. 최근에는 운동이 기억력을 향상시킨다는 연구 결과도 나왔어요.

기억 기계

뇌에는 경이로운 기억 기계가 있어요. 우리가 일상적으로 겪게 되는 수백만 건의 경험을 면밀히 살펴서 기억하고 싶은 다수의 경험과 기억하고 싶지 않은 소수의 경험을 함께 저장하지요.

감각 기억

감각 기관이 수집하는 모든 정보는 잠깐 동안 감각 기억에 들어가요. 꽃향기, 길에서 들은 말, 어디선가 읽은 단어 등 모두 감각 기억에 들어가지요. 주의를 기울이지 않으면 그런 정보는 감각 기억을 벗어나 영원히 사라지게 됩니다.

단기 기억

감각 기억 가운데 뇌가 흥미로워하는 경험, 사실, 느낌 등은 단기 기억으로 이동해요. 단기 기억 용량은 아주 작아요. 한 번에 많아야 일곱 가지만 저장할 수 있고, 최대 15~30초 분량을 넘어서지 못해요. 뇌가 다시 불러내 곱씹어 보지 않는 단기 기억은 휴지통에 들어가 영원히 잊혀져요

H.M.의 해마

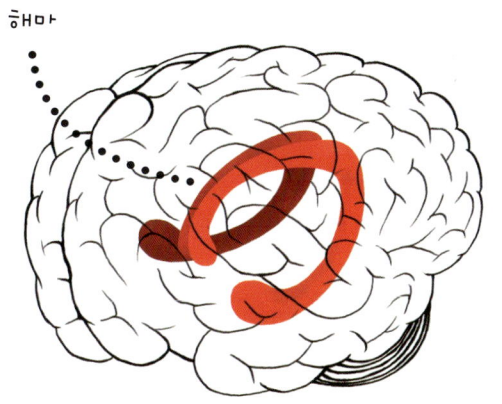

바다 생물 해마처럼 생겨서 해마라 불리는 뇌의 부위가 단기 기억과 장기 기억 사이의 관문 역할을 한다고 과학자들은 믿고 있어요. 1950년대 'H.M.'이라고 알려진 환자가 해마를 대부분 제거하는 수술을 받았어요. 수술이 끝나고 난 뒤 그는 수술 이전에 형성됐던 기억은 잃지 않았지만 수술 이후부터 새로운 장기 기억을 생성하지 못했어요.

장기 기억

충분한 주의를 기울인 단기 기억은 장기 기억으로 보관됩니다. 장기 기억은 뇌 전역에 분산돼 있으며 저장 용량이 무한대에 가까워서 용량 초과를 걱정할 필요가 없어요. 각각의 기억은 서로 연결된 뉴런 집합의 형태로 저장돼요. 이 뉴런들은 해당 기억을 재생산해야 할 때 한꺼번에 활성화됩니다. 장기 기억은 평생 지속될 수도 있어요.

뇌 연구소

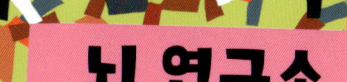

단기 기억 활동을 향상시키는 한 가지 방법은 정보를 작게 쪼개는 거예요. 열두 자리 숫자를 놓고 처음에는 통째로 기억하려 해 보고, 다시 417 900 864 552와 같이 세 자리씩 쪼개 기억해 보세요. 쪼개진 숫자가 훨씬 더 기억하기 쉬울 거예요.

뇌에 대한 오해 : 금붕어의 기억 범위는 3초?

금붕어를 과소평가하고 있어요. 이스라엘 과학자들은 특정한 소리를 내면서 먹이를 주는 방식으로 금붕어를 훈련시켰어요. 다섯 달 뒤에 금붕어는 그 소리가 들리면 먹이를 기대하며 헤엄쳐 나타나게 됐어요.

고마워, 기억해 줘서!

지난 수요일 저녁에 뭘 먹었는지 기억하나요? 오늘 마지막으로 본 자동차는 무슨 색깔이었나요? 기억이 난다면 이 소소한 정보들이 장기 기억에 저장됐음을 뜻해요.

나와 세상

장기 기억에는 여러 가지 유형이 있어요. 절차 기억은 매듭 만들기나 다이빙하기 같은 특정 행동 요령 혹은 기술 사용법과 관련이 있어요. 의미 기억은 사실과 의미를 비롯한 각종 지식을 다뤄요. 일화 기억은 방문했던 장소부터 특정 순간에 느꼈던 감정에 이르기까지 다양한 일화와 관련된 기억을 말합니다.

"지난번에 다이빙할 때 배치기를 해서 아팠어!"
— 일화 기억

"크레타는 그리스의 섬이다."
— 의미 기억

다이빙하는 법
— 절차 기억

기억 되짚기

명절에 가족들과 둘러앉아 식사를 했던 순간 등을 기억할 때 뇌는 개별적으로 저장됐지만 서로 연관돼 있는 많은 기억을 각기 다른 저장 공간에서 끄집어내요. 그렇게 꺼낸 기억에는 음식 모양, 맛, 냄새, 주변 사물, 함께 먹은 사람, 그들이 했던 이야기 등이 포함되어 있어요.

꺼내기 쉬운 기억

어떤 기억은 다른 기억들보다 꺼내기가 더 쉬워요. 중요한 의미가 있거나(예를 들면 생일), 강한 감정을 연상시키거나(행복했던 순간), 자주 회상(고향 동네)했기 때문이에요. 기억을 형성하는 뉴런들 사이에 연결 고리가 많을수록 나중에 더 쉽게 되살려낼 수 있어요.

변화하는 기억

뇌는 때때로 기억을 편집하고 덧입히기도 해요. 현재의 정보를 과거의 기억에 삽입하는 거예요. 그래서 사람들은 오래전에 있었던 일을 떠올리면서 등장인물은 현재 모습으로 기억하지요.

천재들의 기억력

위대한 학자들도 기억에게 배신을 당하곤 해요. 유명한 수학 천재 노버트 위너는 컨퍼런스에 자동차를 몰고 갔다는 사실을 잊어버렸어요. 버스를 타고 귀가한 그는 집에 차가 없자 도난 신고를 했어요!

뇌 연구소

기억력 테스트

이 그림에 있는 물건들을 30초 동안 외워 보세요. 책을 덮고 몇 분간 기다렸다가 기억을 되살려 적어 보세요. 15개 이상 적을 수 있으면 매우 훌륭한 수준이에요! 스무 가지 단어를 무작위로 추출해 같은 실험을 해 보세요.

기억의 달인

기억의 달인이라 부를 만큼 탁월한 기억력을 자랑하는 사람들이 있어요. 인도 출신의 니샬 나라야난은 열한 살에 무작위로 나열한 사물 225개를 12분 만에 다 외워서 화제가 된 바 있습니다. 정말 대단하지요!

뇌 연구소

카드 기억하기

카드 한 벌을 섞은 뒤 처음 10장을 차례로 뒤집어서 순서를 외워 보세요. 절대 훔쳐봐서는 안 돼요! 10장 다 기억해 내는 데 성공하면 15장으로 늘려서 같은 방식으로 시도해 보세요. 해마다 열리는 세계 기억력 대회에서 어떤 참가자는 카드 일곱 벌, 그러니까 총 364장의 카드 순서를 정확히 기억했어요.

기억력 향상

세계 기억력 대회에 나갈 정도까지는 아니라도 기억력을 향상시킬 수는 있어요. 충분한 수면은 집중력을 높이는 첫걸음이에요. 리허설이라 불리는 반복 학습 역시 기억을 장기 기억 보관소에 보내는 데에 도움을 줍니다.

캐나다 산갈가마귀는 해마다 2만여 곳에 소나무 씨를 몇 개씩 묻어 두는데,

연상 만들기

기억으로 변환하는 과정에 뇌의 다양한 부위가 연관되면 뉴런 간의 연결이 더욱 강화돼요. 그래서 사람들은 무언가를 외우기 위해 메모를 하고, 메모를 소리 내어 읽고, 특정 이미지와 연결 짓는 시도를 합니다. 새로운 사실을 이미 알고 있는 정보와 연결 짓는 것을 연상 작용이라고 해요. 예를 들어 요리사(chef)가 들판(field)에 있는 그림을 통해 셰필드(Sheffield)라는 도시 이름을 떠올릴 수 있어요.

기억 보조제

악보의 음계 순서가 E·G·B·D·F(미·솔·시·레·파)일 경우 Every Good Boy Deserves Favour(착한 소년은 누구나 혜택을 받을 자격이 있어) 같은 문장을 만들어 외우는 것처럼 기억을 돕는 단순한 암기법을 기억술이라고 해요. 수성, 금성, 지구, 화성, 목성, 토성, 천왕성, 해왕성 등 태양계 행성을 태양에서 가까운 순서대로 외우는 기억술을 직접 만들어 보세요. 낯선 문장일수록 뇌는 더 잘 기억해요.

어디에 묻었는지 정확히 기억해 내요.

당신이 잠든 사이에

사람이 일흔 살 될 때까지 잠자며 보내는 시간은 20년이 넘어요. 나머지 시간 동안 깨어 있기 위해 뇌가 안간힘을 쓰는 거예요. 잠은 매우 귀중하면서도 복잡한 현상이에요. 수면 중에는 생각보다 많은 일이 벌어지고 있어요.

수면 단계

잠은 갈수록 깊이 잠드는 1~3단계 수면과 급속 안구 운동(REM)을 하는 렘수면 단계로 구성되는데, 이 네 단계를 90분마다 반복해요. 렘수면은 뇌줄기가 신경 신호를 한꺼번에 내보낸 뒤 나타나요. 심장 박동과 호흡 속도가 증가하고, 닫힌 눈꺼풀 안에서 안구가 빠르게 움직이며, 뇌는 매우 활성화되지요. 이런 상태가 5~15분 지속되는 동안에 생생한 꿈을 꾸는 경우가 많아요.

꿈

깨고 나면 기억하지 못하는 경우가 많지만, 누구나 꿈을 꿉니다. 꿈을 꾸는 이유는 분명하지 않아요. 많은 전문가들은 뇌가 전날의 경험과 기억, 뉴런 간의 연결 고리들을 정리하며 저장 공간을 청소하는 과정이라고 생각해요.

왜 잠을 잘까요?

수면은 다양한 이유로 우리 몸에 꼭 필요합니다. 우리 몸과 뇌는 자는 동안 휴식을 취하고 정비를 해요. 심장 박동이 느려지고, 뇌에서 보내는 신경 신호가 중단돼 근육이 쉴 수 있어요. 즉, 자는 동안 아무리 격렬한 꿈을 꿔도 실제 몸의 움직임으로 이어지지 않는다는 뜻이에요.

우리 몸은 밤에 뇌척수액을 새로 만들어요. 이 액체는 뇌에 쌓여 있는 불필요한 찌꺼기를 씻어내 줍니다.

각종 기억과 새로 습득한 기술은 자는 동안 변환 과정을 거쳐 영구 보관 장소인 장기 기억으로 옮겨져요. 나중에 끄집어내기 쉽도록 이미 저장돼 있는 다른 기억들과 연결되기도 해요.

뉴런 간의 연결 고리는 수면 중 새롭게 구축되고 더 강화돼요. 자고 나면 전날 고민하던 문제의 해결책이 갑자기 떠오를 때가 있는데 바로 이 때문이에요.

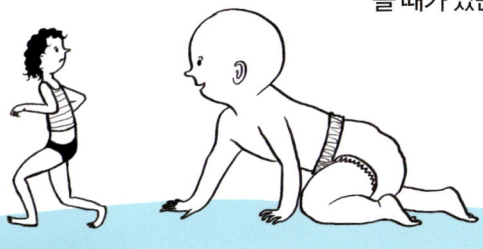

수면 주기

1단계	2단계	3단계	4단계
가장 가벼운 잠 (1~7분)	가벼운 잠 (10~25분)	깊은 잠 (20~40분)	렘수면 (20~40분)
심장 박동과 호흡이 느려져요. 근육이 이완돼요.	심장 박동이 더 느려져요. 눈 운동이 멈춰요.	뇌파가 느려져요. 재충전 효과가 가장 큰 잠이에요.	안구의 움직임이 빨라져요. 뇌파, 심장 박동, 호흡이 증가해요.

3부:
뇌의 착각

사람의 뇌는 다 조금씩 다르지만, 모두 자연이 만들어 낸 뛰어난 공학적 산물이에요. 뇌는 우리가 배우고, 느끼고, 계획하고, 새로운 아이디어를 생각하고, 언어를 이용해 다양한 방식으로 소통하게 해 주지요. 두개골 안에 들어 있는 1.4킬로그램짜리 작은 두부 같은 물질이 이렇게 놀라운 역할을 해내고 있어요.

그렇다고 뇌가 완벽한 것은 아니에요. 게으름을 피우며 필요한 과정을 건너뛰어 지름길을 찾아갈 때도 있고, 때때로 잘못된 추정을 하며, 시간을 아끼려고 추측에 의존하기도 하죠. 뇌가 몸과 언제나 완벽하게 호흡을 맞추는 것도 아니에요. 감정에 휩싸여 몸이 보내는 중요한 정보를 무시하거나 상상과 실제를 구분하지 못할 때도 있어요.

뇌는 여러분이 자신을 바라보는 시각, 남들이 여러분을 바라보는 시선에 영향을 받기도 해요. 두려움, 열정, 위험을 대하는 태도에 의해 의사 결정이 좌우되기도 합니다.

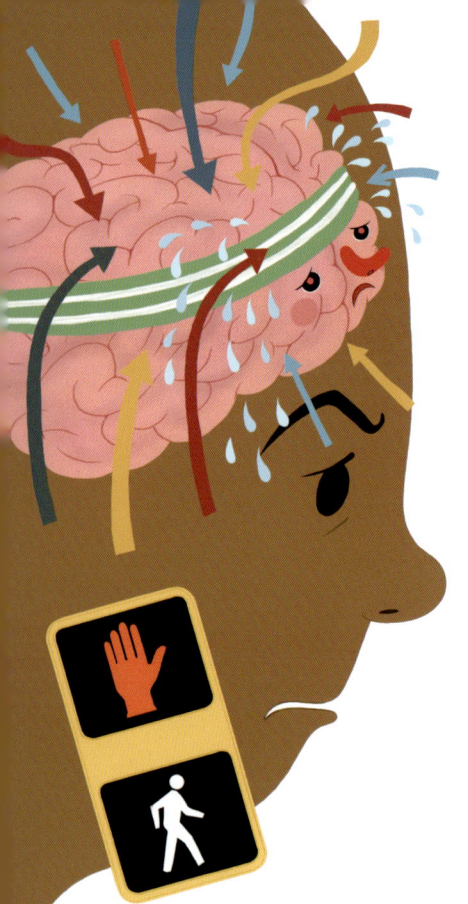

추측 게임

**추측 게임을 좋아하나요? 뇌는 좋아해요.
뇌는 척척박사가 아니어서 항상 추측을 하고 있어요.**

왜냐고요? 두개골 안에 틀어박혀 있는 뇌에 매일 수백만 건의 정보가 폭격하듯 쏟아부어져요. 뇌는 그렇게 많은 정보를 처리하면서 시간과 에너지를 아끼기 위해 이미 학습한 내용을 토대로 최선의 추측을 하곤 해요.

사람의 정신은 경로이운 일을 만어들낼 수 있다

패턴 인식

뇌는 때때로 인식할 수 있는 패턴을 찾으려 애쓰는데, 대개의 경우 효과가 커요. 다음 문장을 이루는 단어들은 글자가 뒤죽박죽인데도 읽고 뜻을 파악할 수 있어요.

하지만 패턴 인식 방법은 간혹 구름이나 음식, 일상의 사물에서 사람 얼굴 모양을 발견하게 하는 등 실제로는 존재하지 않는 낯익은 패턴을 포착하게 만들기도 해요. 이런 현상을 변상증이라고 하는데, 신경과학자들은 얼굴에 예민한 뉴런이 많이 모여 있는 측두엽에서 발생한다고 생각하고 있어요. 인간은 사회적 동물이니까요!

'연구에 따자르면,

단에에서 글자가 배열된

순서는 중햐요지 않다. 첫 글자와 마지막

글자만 올바른 자리에 들가어면 된다.'

얼굴의 비밀

이 그림이 웃는 얼굴을 거꾸로 뒤집어 놓은 것처럼 보이나요? 그렇다면 그림을 돌려 보세요. 깜짝 놀랄 거예요! 바로 놓기 전에는 왜 미처 몰랐을까요? 바로 뇌가 잘못 추측했기 때문이에요. 눈과 입이 웃고 있는 익숙한 특징을 발견하고 웃는 얼굴을 뒤집어 놓았다고 여긴 것이죠.

빈칸 채우기

뇌는 정보, 이미지, 소리 등의 빈칸을 추측해 채우기도 해요. 꽤 잘 맞히는 편인데, 물론 허점도 있어요. 눈을 통해 그림 전체를 볼 수 없는 상황에서 뇌는 안 보이는 부분을 추측해 전체를 파악하려고 해요. 이 기법은 종종 착시 현상을 불러일으키지요. 실제로는 존재하지 않는 형상이 존재한다고 믿게 되는 거예요.

이 그림은 둥근 공에 뾰족한 못이 박혀 있는 듯 보이지만, 실상 공은 그려져 있지 않아요.

삼각형 두 개가 보이나요? 물론 보일 거예요! 하지만 두 삼각형은 뇌가 만들어낸 허상이에요. 여기에는 불완전한 검은 원 세 개와 화살촉 모양의 꺾은 선 세 개만 그려져 있어요.

이 그림들은 검은색과 흰색 선으로만 이루어져 있어요. 타원, 직사각형, 원은 존재하지 않아요.

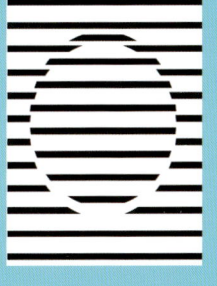
타원?

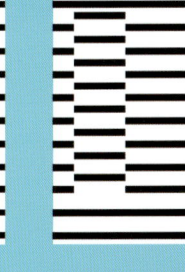
직사각형?

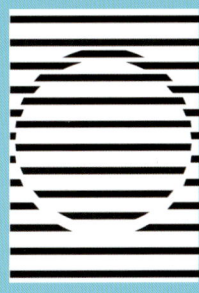
원?

추정하기

뇌는 추정을 토대로 추측을 하기도 해요. 빠르게 결론에 이를 수 있는 방법이지만, 이전 경험 때문에 잘못된 결론에 이를 가능성도 있어요. 추정은 이미지, 소리, 사실을 이해하는 데 사용돼요. 속도는 <u>높일</u> 수 있지만 반대로 이해력을 <u>떨어뜨릴</u> 수도 있어요.

다음 수수께끼를 풀어 보세요.

권투선수 A는 권투선수 B의 아들이지만, 권투선수 B는 권투선수 A의 아버지가 아니다. B와 A의 관계는 무엇일까요?

정답: B는 A의 어머니이다.

원근법과 착시

뇌는 종종 특정 장면의 이해를 위해 눈에서 입수한 정보를 바탕으로 추정을 해요. 이때 멀고 가까움을 판별하는 원근법이 이용됩니다. 간혹 착시에 빠질 때도 있어요. 다음과 같은 두뇌 게임을 통해 직접 체험해 보세요.

시소

이 시소는 어느 쪽이 아래로 기울어 보이나요? 더 가까이에서 자를 이용하여 기울기를 측정해 보세요. 깜짝 놀랄 거예요. 이 시소는 완벽하게 수평인데, 아래를 향하도록 그려진 오른쪽 삼각형이 뇌로 하여금 오른쪽이 아래로 기울었다고 추정하게 만들어요.

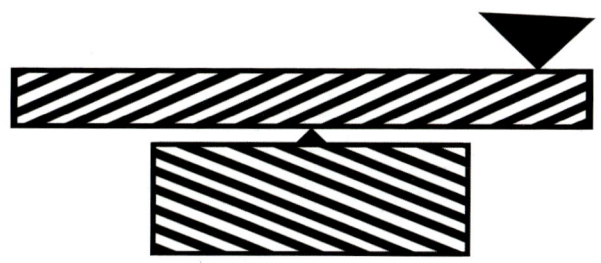

두 탁자

어느 탁자가 더 길까요? 둘은 길이가 똑같아요! 원근법으로 인해 뇌가 세로로 놓인 왼쪽 탁자를 더 길다고 인식하는 거예요. 같은 길이일 때, 수직선이 수평선보다 길어 보이기 때문에 가로로 놓인 오른쪽 탁자보다 왼쪽 탁자가 길어 보이죠.

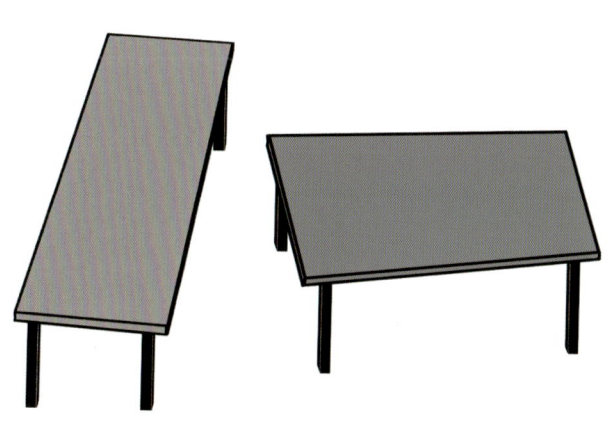

수수께끼 체스 판

다음은 미국 과학자 에드워드 H. 아델슨이 고안한 수수께끼예요. 체스 판의 A와 B 중 어느 사각형이 더 밝아 보이나요? B라고 대답하기 쉽겠지만 두 사각형의 색조는 한 치의 오차도 없이 똑같아요! B가 원기둥의 어두운 그늘에 덮여 있기 때문에 뇌가 B를 실제보다 더 밝게 인식하는 거예요.

믿지 못하겠다면, 종이를 여러 조각 잘라내서 두 사각형을 제외한 나머지 그림을 모두 가린 뒤 A와 B를 비교해 보세요.

생각의 함정

우리는 매일 수많은 생각을 하는데, 그중 대부분이 인식조차 되지 않아요. 이런 무의식적인 생각 가운데 일부는 인지 편향이라는 일종의 시스템 오류로 인해 우리의 판단과 결정에 부정적인 영향을 미칩니다.

왜, 왜, 왜?

무슨 뜻이지?

점심에 뭐 먹지?

확실해?

기울어진 생각 / 뇌의 편견

인지 편향은 정보를 판단하고, 기억을 저장하고, 결정을 내리는 데 영향을 미칠 수 있어요. 몇 가지 사례를 봅시다.

친밀감 편향은 자기 자신과 비슷하다고 생각되는 사람들과 어울리면서 그들의 의견에 충분한 검증 없이 동조하는 경향을 뜻해요.

익숙함 편향은 익숙한 것을 더 긍정적이고 안정적으로 받아들이는 경향을 말합니다. 쇼핑할 때도 잘 아는 브랜드의 상품을 선호하게 되지요. 그래서 많은 기업이 브랜드와 제품 광고에 막대한 돈을 쏟아부어요.

가용성 편향은 머리에 퍼뜩 떠오르는 정보를 더 중요하게 여기는 경향을 의미해요. 찾아내기 힘든 정보가 좋은 결정을 내리는 데 더 도움이 됨에도 불구하고 뇌가 생각하는 중요도에서 후순위로 밀리곤 합니다. 도서관에서 책을 고를 때 모든 선반을 살펴보고 가장 적합한 책을 택하기보다 먼저 눈에 띄는 책을 집어 드는 현상과 비슷해요.

전문가는 아니지만, 내 생각에는……

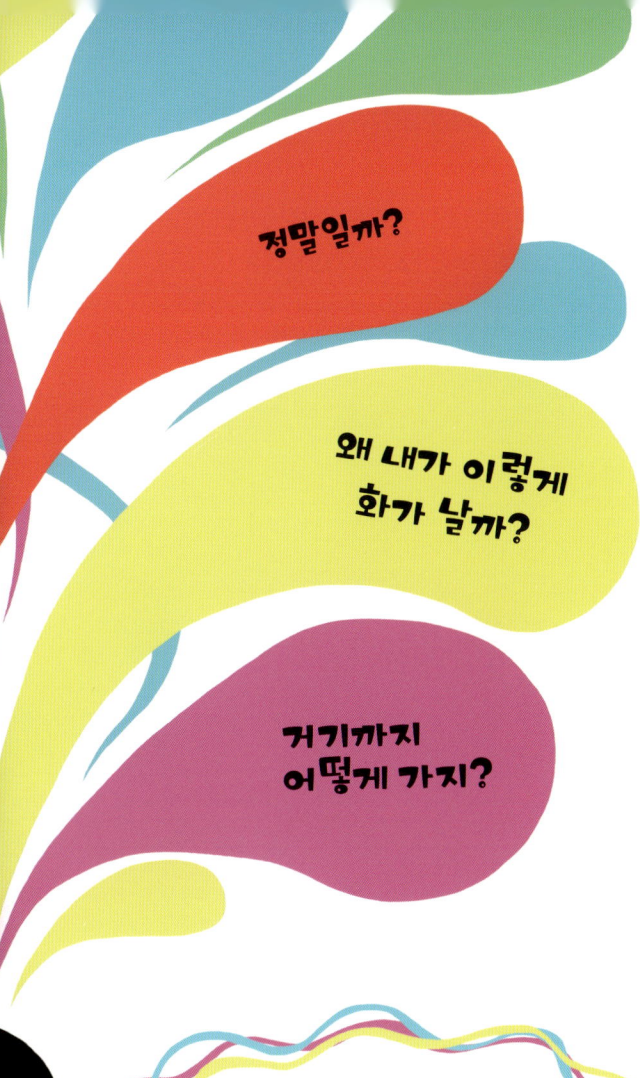

한쪽만 보기

사람들은 자신이 갖고 있던 생각이나 의심을 뒷받침해 주는 정보일 경우 더 신뢰하는 경향이 있어요. 이를 확증 편향이라 부르는데, 논쟁의 양면을 보지 못하게 하고, 올바른 판단을 내리는 데 필요한 정보를 두루 살피지 못하게 만들어요.

내 탓이 아니야

뇌는 잘되면 내 덕, 잘못되면 남 탓으로 생각하는 경향이 있어요. 운전에 서툴면서 항상 다른 차 운전자들을 욕하는 사람, 시험을 망치고는 교사나 교과서나 교실 환경을 탓하는 학생 등이 대표적인 예죠. 이런 편향이 있으면 타인을 불합리하게 비난하게 되고 스스로의 잘못을 깨닫지 못해 고칠 수 없게 됩니다.

후광 효과

이 편향은 동경하거나 좋아하는 사람의 말과 행동을 과대평가하도록 만들어요. 그래서 인기 가수나 SNS 인플루언서의 말을 전문가의 의견보다 더 신뢰하게 되기도 해요.

뇌 연구소

거짓 기억 증후군

편향, 기억 오류 등으로 인해 뇌는 틀린 정보나 허위 정보를 기억하기도 해요. 추정 현상을 이용해 다른 사람에게 거짓 정보를 심어 줄 수도 있어요. 종이에 '침대', '베개', '코골이', '꿈', '휴식', '밤', '파자마' 등 잠과 관련된 단어를 나열하되 '잠'은 적지 말아 보세요. 사람들에게 그 종이를 보여 주고, 몇 시간 뒤 거기에 적힌 단어를 기억해 보라고 하세요. '잠'이란 단어가 적혀 있었다는 답이 많이 나올 거예요.

언어를 통한 소통

시각, 문자, 음성 언어를 인간처럼 자유롭게 사용하는 생물은 없어요. 우리는 언어를 통해 복잡한 사상을 설명하기도 하고 가벼운 잡담을 나누기도 해요.

듣고 말하기

언어를 듣고, 이해하고, 말하기 위해 우리는 뇌의 여러 부위를 사용해요. 아주 간단한 인사를 나누는 데에도 상당한 수준의 뇌 기능이 동원됩니다.

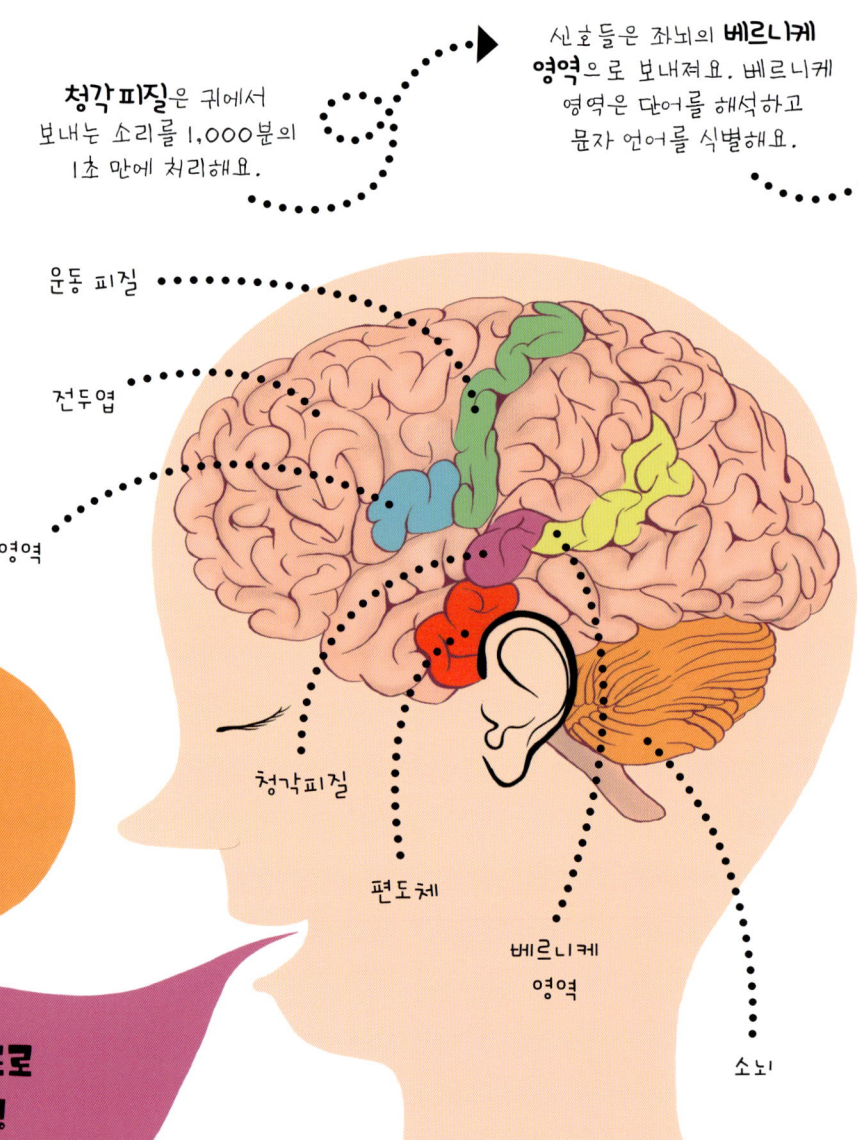

청각 피질은 귀에서 보내는 소리를 1,000분의 1초 만에 처리해요.

신호들은 좌뇌의 **베르니케 영역**으로 보내져요. 베르니케 영역은 단어를 해석하고 문자 언어를 식별해요.

운동 피질

전두엽

브로카 영역

청각피질

편도체

베르니케 영역

소뇌

안녕! 잘 지내?

응. 내 머리를 도표로 쓰는 것만 빼면!

세계에는 6,900개가 넘는 음성 언어가 있고, 사용자가 수백만 명에 달하는 언어도 많아요. 그런데 페루의 차미쿠로어를 유창하게 구사할 수 있는 사용자는 겨우 여덟 명에 지나지 않아요.

비언어 소통

음성 언어는 유일한 소통 수단이 아니에요. 비언어 소통 방식에는 얼굴 표정, 몸짓, 목소리 높낮이(말의 내용이 아니라 말하는 방식을 통한 소통) 등이 포함됩니다. 우리는 이러한 비언어 소통 방식으로 하루에도 수백 가지 의미를 전달해요.

언어 습득의 시작

사람은 생후 6개월 안에 기초적 음성 언어를 인식하고, 두 살까지 300개 정도의 단어를 배우고, 고등학생이 되면 1만 개가 넘는 단어를 습득하게 됩니다. 어린이와 청소년의 뇌는 두 가지, 심지어 세 가지 언어까지 받아들일 수 있어요. 요한 판데발레라는 벨기에 사람은 무려 22개 언어로 대화가 가능하다고 해요!

편도체는 음성 언어에 담긴 감정적 높낮이를 판단해요. 위협적인지 부드러운지, 농담을 하는지 비꼬고 있는지 말이에요.

음성 언어를 충분히 이해하기 위해 뇌의 각 부위에 저장돼 있는 다양한 기억이 동원돼요. 음성 언어에 담긴 의미를 최종적으로 판단하는 곳은 **전두엽**이라고 알려져 있어요.

뇌가 어떤 말을 할지 선택하고 나면 **브로카 영역**이 그 음성을 만들도록 목과 입, 입술의 움직임을 결정해요.

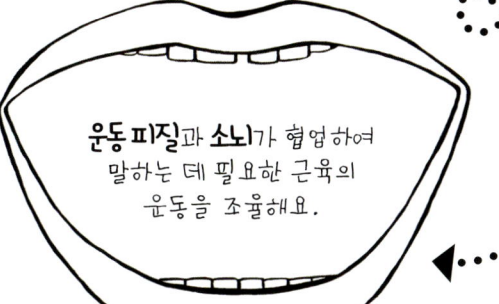

운동 피질과 **소뇌**가 협업하여 말하는 데 필요한 근육의 운동을 조율해요.

뇌 연구소

여자아이들이 말을 더 잘하는 이유!

12~13세 남자아이와 여자아이에게 'ㄱ'으로 시작하는 단어를 90초 안에 아는 대로 써 보라고 합시다. 누가 더 많이 쓸까요? 언어를 다루는 뇌 부위는 대체로 여자아이가 더 잘 발달돼 있어요. 이 나이대 여자아이들의 언어 발달 속도는 남자아이들보다 18개월 정도 빨라요. 남자아이들의 언어 능력은 청소년기에 여자아이들을 따라잡아요.

지능

우리는 모두 지능이 있어요. 배우고, 지식을 축적하고, 복잡한 생각을 이해하고, 계산을 하고, 광범위한 주제와 사물을 다룰 수 있다는 뜻이에요.

다양한 지능

전문가들에 따르면 사람에게는 다양한 형태의 지능이 내재되어 있다고 해요. 언어 지능(언어를 구사하는 능력)과 음악 지능(음정과 박자를 인식하고 사용하는 능력)도 여기에 포함돼요. 지능의 수준은 사람마다 달라요. 언어에 천재적인 사람이 수학이나 음악을 못해서 애를 먹을 수도 있어요.

너와 나

자기 자신을 이해하는 능력(자기 이해 지능)이나 다른 사람의 생각과 감정을 이해하는 능력(대인 관계 지능)에 관한 지능도 있어요. 대인 관계 지능이 높은 사람은 사교적이고, 남들과 잘 어울리며, 다른 사람의 비언어 소통 방식을 잘 이해하죠. 타인의 감정을 이해하기 위해 입장을 바꿔 생각할 줄도 알아요.

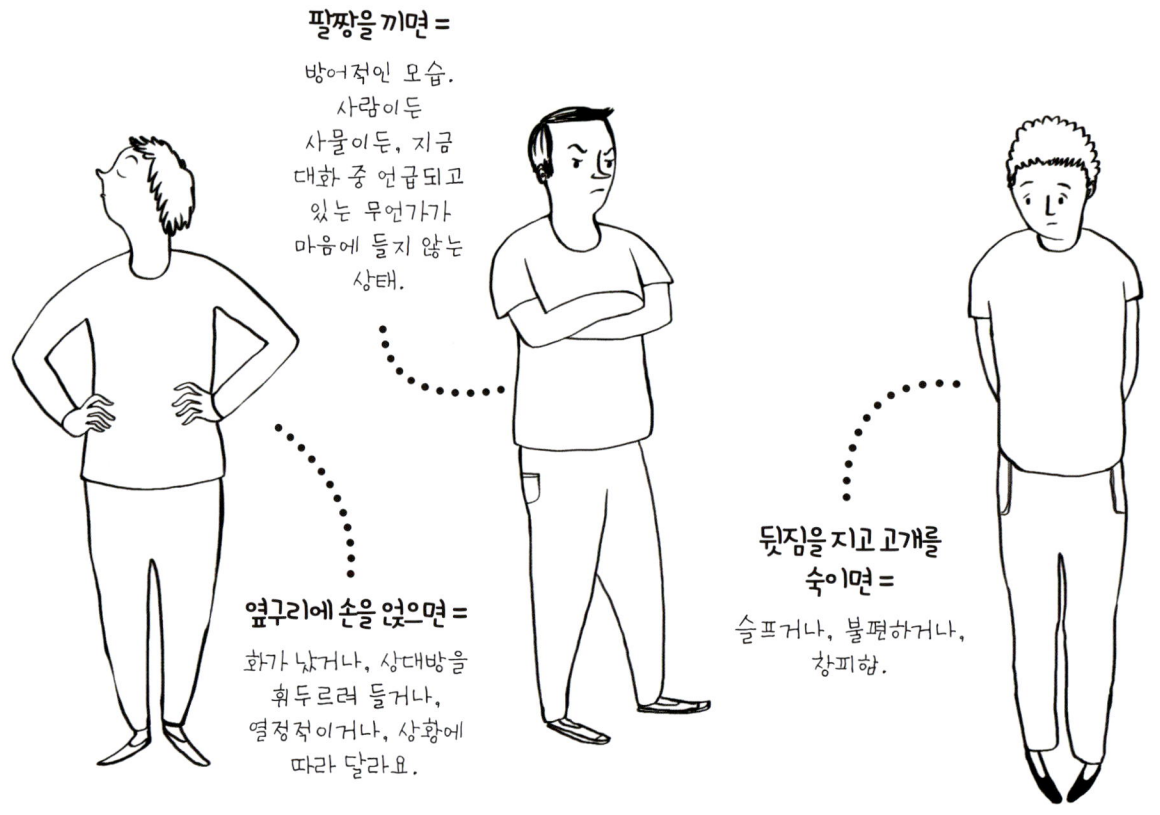

팔짱을 끼면 =
방어적인 모습. 사람이든 사물이든, 지금 대화 중 언급되고 있는 무언가가 마음에 들지 않는 상태.

옆구리에 손을 얹으면 =
화가 났거나, 상대방을 휘두르려 들거나, 열정적이거나, 상황에 따라 달라요.

뒷짐을 지고 고개를 숙이면 =
슬프거나, 불편하거나, 창피함.

숫자에 밝은 머리

수학 - 논리 지능은 계산, 등식, 논거 등을 다루는 능력이에요. 데이터에서 유형을 찾아내고, 숫자를 빠르게 처리하고, 과학적·공학적 문제를 분석하게 해 주지요. 자신의 수학 - 논리 지능을 시험해 봐요. 숫자 8을 여덟 개, 더하기(+)를 네 번 사용해서 합계가 1000이 되는 계산식을 만들어 보세요.

공간을 보는 지능

시각 - 공간 지능은 형태, 공간, 이미지를 식별하고 이해하고 처리하게 해 주지요. 우리는 이 지능을 통해 사람, 장소, 사물의 미세한 시각적 변화를 감지할 뿐 아니라 지도, 도표, 그래프를 이해하고, 자전거를 타거나 운동을 할 때 속도와 거리를 판단할 수 있어요.

정답: 888+88+8+8+8 = 1000

뇌 연구소

3차원 다이아몬드

시각 - 공간 지능에는 2차원과 3차원 사물을 다루는 능력이 포함돼 있어요. 2차원으로 그려진 이 설계도를 따라 접으면 다음 중 어느 3차원 다이아몬드가 완성될까요?

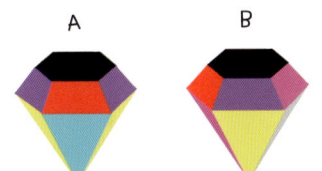

정답: B

천재? 바보?

지능이 높다고 해서 늘 최선의 결정만 내린다는 뜻은 아니에요. 심지어 과학 천재 아이작 뉴턴은 바늘로 자기 눈을 찌른 적이 있어요. 지능은 어떻게 사용하느냐가 더 중요해요.

문제 해결

문제를 다루고 해결하는 방법은 여러 가지예요. 뇌는 대안을 비교하고 계산해 최선의 해법을 찾아냅니다. 물론 실패할 때도 있어요.

반복되는 실험

뇌는 문제의 유형을 인식하고, 이미 기억에 저장돼 있는 정보와의 연관성을 찾아요. 두 과정을 통해 해법을 도출하는데, 때때로 시행착오를 거치게 되지요. 가능한 해법을 시험해 보고, 실패할 경우 얻은 교훈을 다음 시험에 활용하는 거예요.

영국 발명가 제임스 다이슨은 먼지 주머니가 없는 강력한 진공청소기를 만들기 위해 시제품을 5,127개나 반복해 만들었어요. 그야말로 엄청난 시행착오였죠!

뇌 연구소

논리로 푸는 문제

논리적 사고는 알고 있는 사실들을 이용해 새로운 결론을 끌어내는 것을 말해요. 우리 뇌는 수학을 비롯해 다양한 문제를 해결하기 위해 논리적으로 생각하지요. 여기 좋은 사례가 있어요. 캐리는 시장에 레몬 한 상자를 가져가서 절반을 팔고, 남은 것 중 4분의 1은 공짜로 나눠 줬어요. 그리고 귀가하는 길에 레몬 4개를 잃어버려서 집에 가져간 레몬은 11개였습니다. 캐리의 레몬 상자에는 원래 몇 개가 들어 있었을까요?

정답: 40개

답이 여러 가지일 수도 있다

눈앞에 놓인 두 가지 해법이 똑같이 옳게 보여서 혼란에 빠지는 경우도 많아요. 뇌가 한 가지 답안으로 마음을 정하지 못해 갈팡질팡하기 때문이에요. 다음 그림들을 보세요. 첫 번째 그림에서 보이는 것은 꽃병일까요, 혹은 얼굴일까요? 두 번째 그림에서는 새가 보이나요? 아니면 토끼? 모두 답이 둘일 수 있어요!

브레인스토밍

브레인스토밍은 일단 평가나 판단을 배제한 채 아이디어나 해결책을 자유로이 제시하는 작업이에요. 참여자가 많을수록 좋고, 아이디어를 최대한 많이 제시한 뒤 각 아이디어로 돌아가 구체적인 장단점을 살펴보게 됩니다. 이를 통해 여러 아이디어를 결합할 수도 있고, 그 과정에서 생각지도 못한 해결책을 찾을 수도 있어요.

고정관념에서 벗어나기

문제가 풀리지 않을 때는 시점을 바꿔볼 필요가 있어요. 이를 수평적 사고 기법이라 불러요. 예를 들어, 가장 선호하는 해결 방법을 설정한 뒤 거기서부터 시간 역순으로 돌아가 볼 수 있어요. 또 문제가 애초에 왜 발생했는지 근본적인 질문을 던져 보는 것도 좋아요. 뉴욕 지하철에서 전구가 계속 도난당하자 뉴욕시 공무원들은 전구를 훔치는 원인을 조사했고, 사람들이 훔친 전구를 집에서 쓰고 있다는 사실을 알아냈어요. 수평적 사고로 찾아낸 해법은 지하철 전구를 가정에서 쓸 수 없는 특수 형태로 제작하는 것이었지요. 그러자 도난 사건이 더 이상 발생하지 않았어요.

창의성 기르기

창의성은 반짝이는 새로운 아이디어를 떠올리는 능력이에요. 그 아이디어는 사소한 것일 수도, 유용한 것일 수도, 일상을 바꾸는 엄청난 것일 수도 있어요. 음악가, 미술가, 작가들에게만 해당되는 능력이 아니에요. 과학과 수학의 혁신 역시 창의적 사고에서 나왔어요.

창의적 연결

창의성은 뇌의 어느 한 부분에서 담당하는 것이 아니에요. 뇌의 여러 부분이 갑자기 연결될 때 예상치 못한 독창적 발상이 가능해지지요. 청소년기는 뇌에서 많은 변화와 개편이 일어나기 때문에 당연히 가장 창의적인 시기예요.

음......

오늘은 무엇에 대한 이야기를 쓸까?

생각하는 방식에 따라 창의성의 수준이 달라지기도 해요. 어떤 이들은 단어의 나열이 아니라 사진이나 밑그림 형태로 아이디어를 떠올려 독창적인 발상을 해 내지요. 이런 방식이 미처 생각하지 못했던 기억과의 연결과 결합을 촉진하기 때문인 것으로 보여요.

찾았다! 스케이트보드를 타는 보라색 돼지의 모험. 완벽해!

하늘을 나는 물고기? 아냐, 더 황당무계한 생각은 없을까?

뇌에서 만들어지는 물결

뇌에서 일어나는 전기 움직임은 뇌파 진단기로 확인할 수 있어요. 두피에 전극을 붙여 작동시키는 이 장비는 뇌파를 물결선 그래프로 나타내 주지요. 일상적인 활동을 할 때는 베타파가 그려지며, 정신 활동이 최고조에 이르면 감마파가 나와요. 창의성은 주로 알파파가 형성될 때, 즉 뇌가 긴장을 풀고 새로운 가능성을 한껏 받아들일 때 발휘되지요.

휴식이 필요해

유명 작곡가 이고르 스트라빈스키는 새로운 음악을 구상하기 전에 머리를 비우려고 물구나무서기를 했어요. 가벼운 산책이나 목욕, 청소와 정원 손질 같은 허드렛일을 하면서 알파파를 만들어 내는 사람들도 있지요. 나사의 공학자 제임스 H. 크로커는 1990년 허블우주망원경의 해상도를 높이는 방안을 샤워를 하다 떠올렸다고 해요.

뇌 연구소

상상력 이용하기

상상력을 자극하는 작업을 통해 창의성을 깨워 보세요. 시에 가락을 붙여 노래로 만들거나, 기묘한 이야기를 지어 내거나, 발명품을 고안해 내는 작업 등이 도움이 됩니다. "만약 반려동물이 말을 할 수 있다면?" 같은 '만약에' 시나리오를 만들어 보는 것도 좋아요. 뇌는 익숙한 것들을 다루는 데 많은 시간을 할애해요. 이런 종류의 생각 실험은 뇌가 틀에 박힌 사고에서 벗어나 독창적인 대안을 찾아낼 수 있게 해 주지요.

만약에 중력이 없다면?

감정이 풍부한 뇌

감정은 몸이 경험하는 강력한 느낌이에요. 뇌의 깊숙한 곳에서 생성하는 신호들에 의해 감정이 만들어져요. 기본적인 감정은 두려움, 분노, 놀라움, 역겨움, 기쁨, 슬픔 등 여섯 가지라고 해요.

생존 키트

기본적인 감정들은 무의식적으로 발생해요. 아주 오래 전부터 생존 방식으로 진화해 왔어요. 예를 들어, 놀라움은 우리가 특정 사물이나 상황에 주의를 집중시켜 해로운지, 이로운지 판단할 수 있게 해 줘요. 두려움은 위협에 맞서 싸울 에너지를 증폭시켜 줄 수 있고, 역겨움은 썩은 음식처럼 해로운 것을 피하게 해 줍니다.

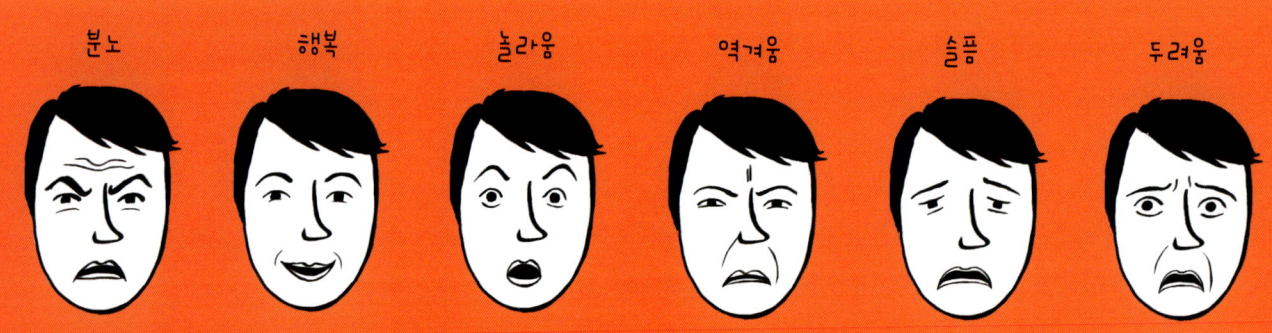

감정의 작동

감정은 몸에 화학물질을 보내 물리적 반응을 일으키게 하는 대뇌 변연계에 의해 촉발돼요. 화가 날 때 얼굴이 붉어지거나 역겨운 경험을 했을 때 속이 메스껍고 구토 증세를 느끼는 것 등이 다 변연계의 지휘에 따른 결과예요. 몸의 이런 반응은 종종 얼굴의 표정 변화를 수반하기 때문에 다른 사람들도 눈치채게 되지요.

감상적 순간

강력한 감정은 대개 오래 지속되지 않아요. 우리 몸이 신속하게 반응하도록 준비시킨 뒤 점차 소멸되지요. 그렇게 강하지 않으면서 오래 지속되는 느낌을 기분이라고 해요. 뇌는 기분에 어울리는 기억을 회상하는 경향이 있어요. 기분이 나쁠 때 과거 안 좋았던 기억들이 연달아 떠오르는 이유는 이 때문이에요.

왜 나한테는 나쁜 일만 생기지?

에휴, 그럼 그렇지.

감정 조절

감정은 때때로 제어하기 어려워요. 하지만 감정에 대한 반응을 조절할 수는 있어요. 분노에 반응할 때 큰 다툼으로 치닫을 만한 행동을 자제할 수 있지요. 다른 사람의 감정을 상하지 않게 하려고 자신의 감정을 숨기는 경우도 많아요.

흥분	쑥스러움	죄책감	자부심	만족감	질투심

복잡다단한 감정의 변화

여섯 가지 기본 감정이 전부가 아니에요. 자부심, 흥분, 질투심을 비롯해 다양한 유형의 '복잡한' 감정이 있어요. 쑥스러움과 죄책감처럼 특정한 언행 뒤 느끼게 되는 감정도 있지요. 이런 감정은 행동이나 선택에 영향을 미쳐 경험과 실수로부터 배우게 도와줍니다.

감정, 제대로 알자

청소년기는 감정적인 시기예요. 독립적인 활동이 늘어나면서 많은 사람을 만나고, 많은 경험을 하고, 많은 선택을 하게 되지요. 스스로 결정해야 할 일이 아주 많아진다는 뜻이에요.

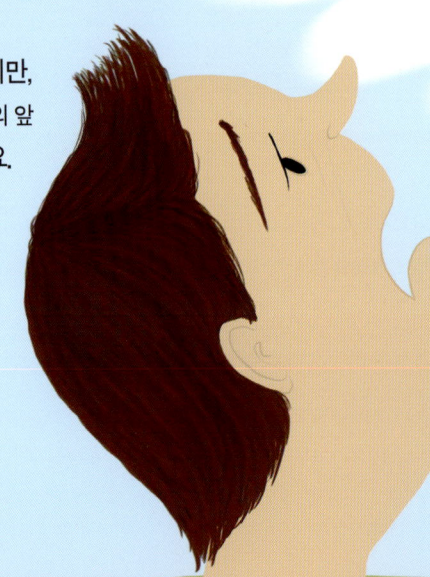

나는 왜 이렇게 감정적일까?

청소년들은 끊임없는 도전을 맞닥뜨려야 하고, 몸과 생활, 생각, 사회적 그룹의 변화를 감당해야 해요. 모두 극적인 감정을 유발할 수밖에 없어요. 그런데 뇌의 나머지 부분은 발달 속도가 더뎌서 감정 제어가 제대로 이루어지지 않는 거예요.

감정의 균형

감정을 촉발하는 변연계는 일찍 형성되지만, 감정 제어를 도와주는 전전두피질(전두엽의 앞부분)은 20대가 돼야 충분히 자리를 잡아요. 이 부분은 미래를 계획하고 선택의 순간에 올바른 판단을 내리도록 도와주는 역할을 해요. 즉, 감정이 충만한 청소년기의 뇌는 감정을 조절하고 깊이 생각할 능력이 갖춰지지 않은 상태인 거죠.

지금, 당장!

청소년기에는 감정이 앞서서 앞뒤 생각하지 않고 성급히 결론을 내릴 가능성이 높아요. 물론 청소년만 그런 건 아니에요. 연령대를 불문하고 누구나 훗날의 보람 대신 즉각적인 보상을 선호해 결정을 내리곤 하지요. 이를 지연 할인 현상이라고 불러요.

감정과 기억

감정은 결정을 내리기 위해 떠올리는 기억에 영향을 미쳐요. 강한 감정이 수반된 기억은 더 잘 떠오르는 경향이 있어서 영향력이 더 커집니다. 즉, 의사 결정에 핵심적인 유용한 정보를 비롯해 덜 감정적인 기억은 그리 많은 관심을 받지 못한다는 뜻이에요.

> 노인들은 감정적이었던 청소년기를 다른 시기보다 더 정확하게 기억하고 있어요. 이를 회고 절정 현상이라고 해요.

뇌 연구소

대체 뭐가 잘못됐지?

강한 감정에 이끌려 후회스러운 결정을 내렸던 최근 기억을 되살려 보세요. 아래에서 그런 상황을 막아줄 수 있었을 만한 방법이 있는지 생각해 보세요.

- 내가 느끼는 극심한 감정의 정체를 빠르게 파악한다.
- 내가 원했던 해결책이나 결과물이 무엇인지 생각해 본다.
- 논쟁이나 나를 화나게 하는 일들에서 멀어지는 등 감정을 유발하는 상황에서 벗어난다.
- 잠시 휴식을 갖고 심호흡을 하며 1부터 10까지 센다.
- 내가 느꼈던 감정에 대해 신뢰하는 사람과 이야기를 나눈다.

즐거움과 위험

여러분은 즐거움을 추구하나요? 뇌는 분명히 그렇게 생각하고 있어요. 음식을 섭취하거나 위험한 상황에서 살아남는 등 어떤 식으로든 발전하는 데 도움이 되는 행동을 했다고 생각되면, 뇌는 그 보상으로 즐거움이라는 감정을 느끼게 해 줍니다.

보상 센터

뇌의 깊숙한 곳에는 측좌핵과 복측 피개 영역 등 즐거움과 보상을 다루는 부위가 있어요. 연결된 뉴런의 집합체(경로라고 부름)는 이런 부위에서 내보내는 보상 신호를 전두엽(생각의 많은 부분이 이뤄지는 부위)과 해마(기억 형성에 도움을 주는 부위)에 나란히 보내요.

즐거움 화학 물질

이 경로의 뉴런들은 즐거움, 행복감, 안도감 등을 느끼게 해 주는 도파민, 세로토닌, 엔돌핀 같은 신경 전달 화학 물질을 분비해요. 이런 감정은 행동에 대한 보상인 동시에 그런 행동을 반복하게 만드는 촉진제 역할을 하지요.

스릴

청소년기에는 스릴에 대한 갈망이 종종 절정에 달해요. 청소년의 뇌는 스릴을 추구하는 도파민을 더 많이 생산하고 그 작용에 더 민감하기 때문이에요. 그래서 많은 청소년이 위험을 감수해 큰 보상을 얻으려 하지요.

공포 영화를 보거나 익스트림 스포츠를 즐기며 간담이 서늘해지는 경험을 하는 것을 오히려 즐기는 사람들도 있어요.

성장기의 위험

누구나 어느 정도 위험을 감수해요. 궁금한 점에 대해 질문을 던지고, 실패할지도 모를 새로운 과제에 도전하고, 새로운 활동이나 사람을 경험하는 것이 모두 위험을 감수하는 행동이에요. 청소년기는 각종 실험을 하면서 성장 과정의 일부로써 위험을 감수하고 부모로부터 독립해 가는 시기예요. 어떤 위험을 감수할지, 그 위험은 얼마나 큰지 판단하기란 쉽지 않아요. 청소년에게는 특히 그렇지요. 청소년기의 뇌는 어른과 달리 경험이 부족하고, 위험한 행동을 제어해 줄 전두엽이 충분히 발달하지 못했기 때문이에요.

무모한 청소년기

청소년기에는 기꺼이 위험을 감수하는 성향이 아닌데도 위험한 일에 뛰어드는 경우가 종종 있어요. 왜 그럴까요? 다른 사람들에게 멋진 인상을 심어주거나 특정한 사회 집단에 걸맞은 모습을 보이고 싶기 때문이에요. 청소년의 뇌는 남들의 시선을 많이 의식해서 자신의 안전을 지키기보다 특정 집단으로부터 배제되지 않기 위해 더 많은 노력을 기울이지요.

이쪽으로

두려움, 스트레스, 공포증

무언가에 두려움을 느낀 적이 있나요? 당연히 그럴 거예요! 두려움은 가장 기본적인 감정이며 누구나 때때로 느낍니다. 우리는 안전을 위해 두려움을 느끼도록 설계돼 있지만, 두려움과 그에 따르는 스트레스, 그것이 더욱 심화된 공포증은 뇌에 부정적인 영향을 미치기도 해요.

두려움의 작용

두려움이 몰려오면 판단력이 흐려질 수 있어요. 그렇게 되면 단지 두렵다는 이유로 눈앞의 위험을 과대평가하기도 해요. 상어에 물려 다치거나 죽는 경우보다 잔디 깎는 기계나 자동판매기 사고 때문에 다치거나 죽는 사람이 훨씬 많지만, 그저 무섭기 때문에 우리는 상어의 위험을 과대평가합니다. 반면 떠돌이 개처럼 별반 무서워 보이지 않는다는 이유로 위험을 과소평가하는 경우도 있어요.

공포증

공포증은 단순한 두려움을 넘어서는 증상이에요. 실제로는 아주 경미한 위험에 불과한데도 극단적인 두려움에 휩싸여 그것을 피하기 위해 몸부림을 치게 되지요. 거미 공포증, 폐소 공포증, 고소 공포증처럼 비교적 흔하게 나타나는 공포증이 있는 반면, 치즈 공포증, 광대 공포증, 단추 공포증처럼 드문 사례도 발견됩니다.

스트레스

스트레스는 일상생활에서 압박이나 변화를 접할 때 몸이 반응하는 방식 중 하나예요. 학교생활, 친구 관계, 성적 걱정, 자신에 대한 실망, 가족 문제 등이 원인이 될 수 있어요. 스트레스와 감정(두려움, 분노 등)은 투쟁-도피 반응을 촉발해요. 누구나 때때로 스트레스를 받아요. 스트레스가 더 열심히 일하거나 미뤄뒀던 문제를 해결하기 위한 추진력이 되기도 해요. 하지만 불안함과 초조함에 휩싸여 불면증에 시달리거나 음식을 잘 먹지 못하거나 일상적인 사회생활을 할 수 없게 되기도 하지요.

스트레스를 이기는 방법 - BETTER

Breathe(숨 쉬기) - 스트레스가 증폭되지 않도록 심호흡을 하여 긴장을 풀어요.

Exercise(운동하기) - 걷기, 달리기 등 스포츠를 즐기면 기분이 나아지고 한층 차분해져요.

Talk(대화하기) - 스트레스를 받고 있음을 인정하고, 신뢰하는 누군가와 공유해요.

Take action(행동하기) - 현실을 직시하고 문제를 잘게 쪼개서 하나씩 해결해요.

Enjoy(즐기기) - 스트레스를 주는 상황으로부터 한 걸음 벗어나 정말 좋아하는 일을 해 보세요.

Rest(휴식하기) - 숙면은 스트레스의 원인을 객관적으로 바라보는 데 도움이 돼요.

*위 영단어의 머리글자를 따서 단어를 만들면 '더 나은'이라는 뜻의 BETTER가 돼요.

싸우거나 도망치거나!

우리 몸과 뇌에는 공포 버튼이 장착돼 있어요. 위협적인 상황이 발생하여 버튼이 눌리면 우리는 좋든 싫든 초긴장 상태에 빠져들어요. 그에 따라 자동적으로 나타나는 일련의 대응 행동을 투쟁-도피 반응이라고 불러요.

이 반응은 작은 아몬드처럼 생긴 뇌의 편도체에서 시작돼요. 편도체는 전두엽에 위협을 분석하라고 명령하고, 부신에 화학 물질(주로 호르몬)을 분비하라고 신호를 보내요. 이를 통해 체내 구석구석 화학 물질이 퍼지면 우리 몸은 갑작스러운 난관에서 살아남기 위한 노력에 집중하게 됩니다.

뇌
순발력 있게 결정을 내릴 수 있도록 최고의 긴장 상태에 돌입해요. 때때로 화가 치밀어 오르기도 하지요.

귀
위험 신호를 놓치지 않기 위해 청각이 예민해져요.

폐
혈액에 산소가 더 많이 공급되도록 호흡이 빨라지고 얕아져요.

눈
더 많은 빛을 받아들여 더 잘 볼 수 있도록 눈동자가 팽창해요. 동시에 주변 시야(통상적인 시야의 가장자리 부분)가 예민해져요.

위험이 지나간 뒤 몸이

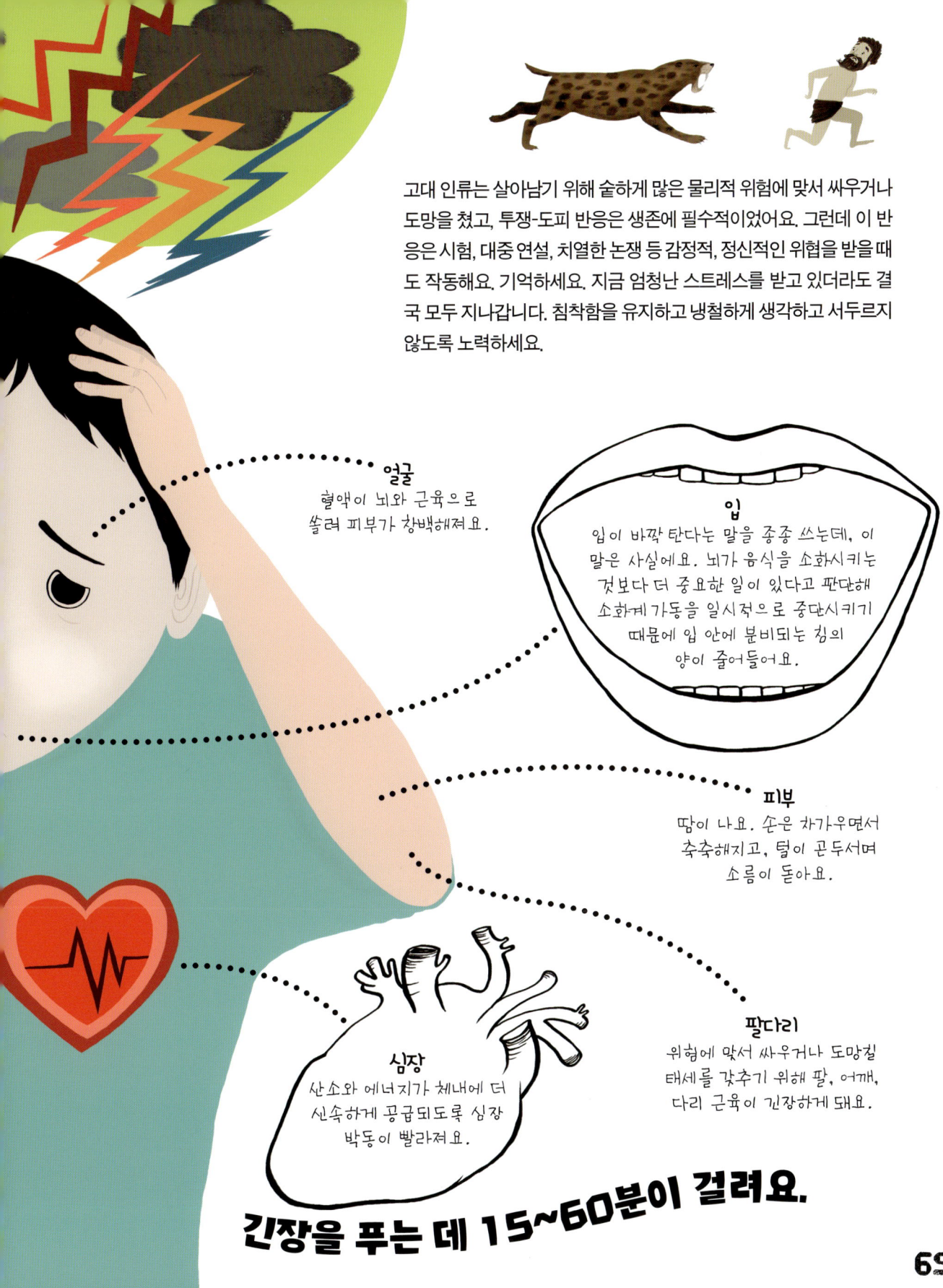

고대 인류는 살아남기 위해 숱하게 많은 물리적 위험에 맞서 싸우거나 도망을 쳤고, 투쟁-도피 반응은 생존에 필수적이었어요. 그런데 이 반응은 시험, 대중 연설, 치열한 논쟁 등 감정적, 정신적인 위협을 받을 때도 작동해요. 기억하세요. 지금 엄청난 스트레스를 받고 있더라도 결국 모두 지나갑니다. 침착함을 유지하고 냉철하게 생각하고 서두르지 않도록 노력하세요.

얼굴
혈액이 뇌와 근육으로 쏠려 피부가 창백해져요.

입
입이 바짝 탄다는 말을 종종 쓰는데, 이 말은 사실이에요. 뇌가 음식을 소화시키는 것보다 더 중요한 일이 있다고 판단해 소화계 가동을 일시적으로 중단시키기 때문에 입 안에 분비되는 침의 양이 줄어들어요.

피부
땀이 나요. 손은 차가우면서 축축해지고, 털이 곤두서며 소름이 돋아요.

심장
산소와 에너지가 체내에 더 신속하게 공급되도록 심장 박동이 빨라져요.

팔다리
위험에 맞서 싸우거나 도망칠 태세를 갖추기 위해 팔, 어깨, 다리 근육이 긴장하게 돼요.

긴장을 푸는 데 15~60분이 걸려요.

오류 부호

인간의 뇌는 경이로운 작품이지만 때때로 부분적인 장애가 발생하기도 해요. 어떤 경우에는 심각한 이상 행동을 유발하기도 하지요.

카그라 증후군 환자는 자신이 사랑하는 사람들이 누군가에 의해 겉모습만 똑같은 가짜로 바꿔치기 됐다고 믿어요.

움직이지 않는 세상

인간의 핵심적 감각인 시각이 제대로 작동하지 않는 사람들이 있어요. 예를 들어 운동맹증 환자는 움직임을 보지 못해요. 그들이 보는 세상은 모든 것이 멈춰 있어요.

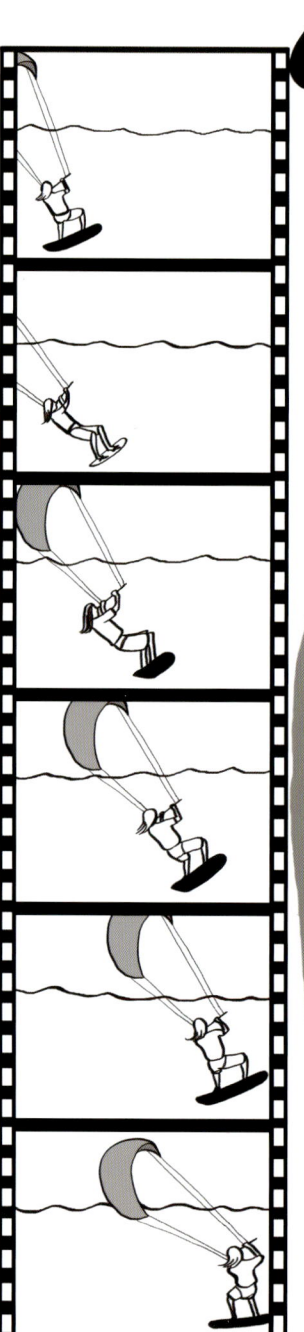

절반뿐인 세상

뇌의 절반이 손상된 사람은 자신을 둘러싼 세상의 절반을 인식하지 못하게 돼요. 편측 무시 환자는 몸의 절반에 해당하는 감각 기관이 보내는 신호를 감지하지 못해요. 예를 들어 접시에 담긴 음식을 먹을 때 절반만 먹고, 두 눈의 기능이 정상인데도 앞쪽의 오른쪽 또는 왼쪽에 있는 사물을 인식하지 못해요.

안면인식장애

안면인식장애를 가진 사람은 가장 가까운 사람의 얼굴을 못 알아보거나 사람들을 얼굴로 식별하지 못해요. 거울에 비친 자기 얼굴을 인식하지 못하는 경우도 있어요. 그런 사람들은 목소리나 냄새로 사람을 식별할 수밖에 없지요.

내 뇌가 어디 있지?

중증 소아 뇌수종(두개골 안에 뇌척수액이 비정상적으로 쌓여 있는 상태)은 뇌에 손상을 입히거나 뇌 성장을 가로막을 수 있어요. 하지만 뇌가 절반 이상 손상됐는데 비교적 정상적인 생활을 하는 사람도 간혹 있어요.

다른 사람의 감정을 느끼다

거울-촉각 공감각은 다른 사람이 느끼는 감정을 똑같이 경험하는 거예요. 이 증상을 가진 사람은 누군가 넘어지는 장면을 보면 실제로 통증을 느끼고, 포옹하는 사람들을 보면 스스로 포옹하고 있는 것처럼 느껴요. 심각한 경우 다른 사람이 음식을 먹는 모습을 지켜보지 못해요. 자기 입에 음식이 잔뜩 들어 있는 것처럼 느끼기 때문이에요.

외계인 손 증후군

한쪽 팔과 손이 자기 뜻과 달리 멋대로 움직인다고 생각하는 증상이에요. 한 손으로 뭔가를 만들면서 나머지 손으로 만든 것을 부수는 모습이 관찰된 환자도 있어요. 어떤 환자는 멋대로 움직인다고 생각하는 손으로 자신을 때리기도 했어요.

뇌 연구소

낯설게 하기

뇌는 가끔씩 익숙한 것을 낯설게 느끼기도 해요. 양, 문, 커피처럼 평범한 단어를 40번쯤 빠르게 반복해 말해 보세요. 그러고 나면 그 단어가 마치 처음 접하기라도 한 듯 이상하게 느껴질 거예요.

결론

죽은 사람의 콧구멍을 통해 뇌를 끄집어내서 버리곤 했던 고대 이집트 시절부터 인류는 긴 여정을 거쳤어요. 과학자들은 뇌가 몸의 모든 기관을 조종하고, 기억을 만들어 저장하고, 생각과 감정을 제어하며, 결정을 내린다는 사실을 알아냈어요. 간단히 말해서 뇌가 여러분을 여러분답게 만든 거예요.

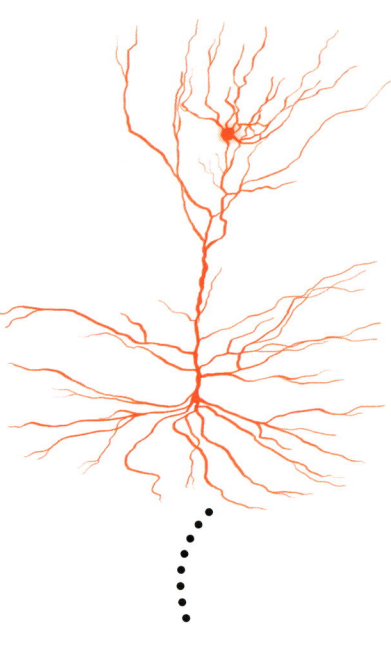

로즈힙 뉴런이 있어서 인간의 지능이 높아진 것일까요? 과학자들은 이 질문의 답을 찾는 여정을 지속하게 될 거예요.

이제부터 시작!

하지만 뇌가 작동하는 원리, 뇌 기능을 향상시키거나 뇌 손상을 복구하는 방법 등 여전히 알아내야 할 것들이 많아요. 새로운 발견은 계속해서 이뤄지고 있어요. 2018년에는 들장미 열매와 비슷하게 생겨 로즈힙 뉴런이라 명명된 새로운 뇌세포가 발견됐어요. 지금까지 인간의 뇌에서만 발견된 세포예요.

어려서 사고로 두 팔을 잃은 미국인 레스 보는 생각으로 움직임이 가능한 인공 팔을 처음 부착한 사람이 됐어요. 그는 2018년 존스홉킨스 대학에서 인공 팔 부착 수술을 받았어요.

생각으로 조종하는 기계

앞으로 진보가 거듭되면 새로운 기술이 계속 개발될 거예요. 과학자들은 신경 이식이라 불리는 방법을 통해 뇌를 컴퓨터 및 다른 기계들과 연결하는 기술을 연구하고 있어요. 신경 이식은 신경의 전기 신호가 전기 회로를 거쳐 기계를 조종하게 만드는 거예요. 이미 사지마비 환자들이 생각만으로 이메일을 보낼 수 있는 수준에 이르렀어요. 미래에는 신경 이식을 통해 뇌와 신경의 손상된 부분을 우회하거나 기억력 등 뇌 기능을 향상시키는 일도 가능할 것으로 보여요.

지은이의 말

여러분은 이렇게 훌륭하고, 특별하고, 간혹 실수도 하는 마술 상자를 머릿속에 갖고 있어요. 바로 여러분의 뇌예요. 뇌를 아끼고 보살펴 주세요. 여러분을 여러분답게 만들어 주는 것이 바로 뇌니까요!

이 책을 재미있게 읽었기를 바라요. 나는 이 책을 준비하고 집필하는 동안 무척 즐거웠어요. 우리 뇌가 그처럼 여러 가지 실수를 한다는 사실에 놀랐고, 매일 그렇게 많은 작업을 수행하면서도 계속 학습하고 발전해 간다는 사실에 또 놀랐어요. 앞으로 내 작은 뇌를 최대한 활용하려면 어떻게 해야 할지 고민하는 계기가 됐지요. 자연이 만들어 낸 가장 복잡하고 경이로운 작품을 충분히 활용하지 않는다면 낭비일 거예요.

내 뇌는 잘 작동하지 않는 것 같아······.

뉴런(neurON)이 아니라 뉴로프(neurOFF)로 채워져 있는 게 분명해!

* 영어로 on은 연결된 상태, off는 연결이 끊긴 상태를 뜻한다.

두뇌 게임

이 문제들은 뇌의 다양한 부위를 테스트하도록 고안됐어요.
30분 안에 풀어 보세요. 정답은 다음 페이지에 있어요.
커닝은 절대 금물!

1. 다음 빈칸에 적합한 숫자나 문자는 무엇일까요?
   a) A C E G I __ M
   b) 1 2 3 5 8 __ 21 34

2. 아래 두 가지 수수께끼에서 '나'는 각각 무엇일까요?
   a) 나를 부르면 나는 깨져요. 나는 무엇일까요?
   b) 나는 당신의 것이지만, 다른 사람들이 나를 더 많이 사용해요. 나는 무엇일까요?

3. 아래 동전들 중 세 개만 옮겨서 삼각형을 역삼각형으로 만들어 보세요.

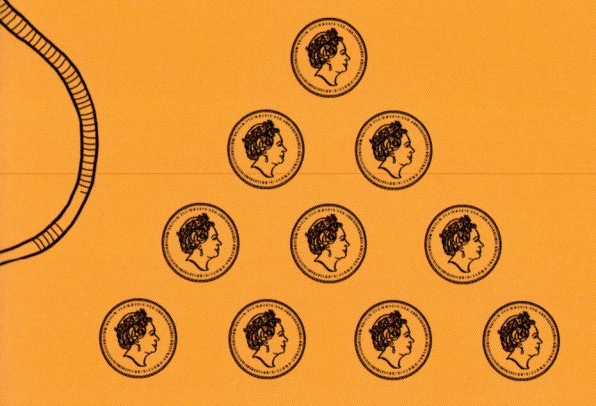

4. 아래 입체 도형은 몇 개의 정육면체로 이뤄져 있을까요?

5. 아래의 뇌 그림에서 색칠된 부분의 이름은 무엇일까요?

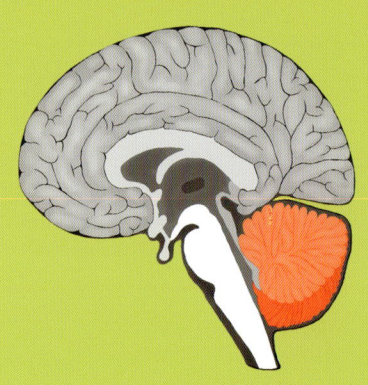

6. 네 번째 그림의 저울에 표시될 무게는 몇 킬로그램일까요?

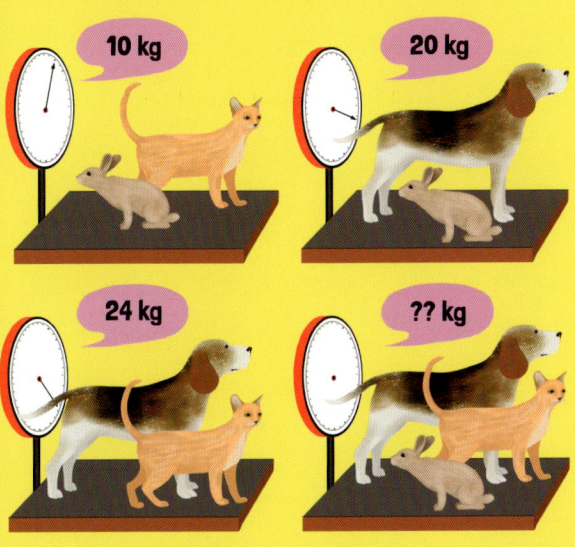

7. 마지막 삼각형에 들어갈 숫자는 무엇일까요?

8. 옆 페이지를 가리고, 그 페이지에 나온 첫 번째 단어가 무엇이었는지 답해 보세요.

9. 자동차가 세워져 있는 주차 구역의 번호는 무엇일까요?

10. 엄마와 아빠에게 아들이 여섯 있고, 이 여섯 아들에게는 여동생이 한 명 있다. 이 가족은 모두 몇 명일까?

11. 직선 네 개로 점 아홉 개가 모두 연결되도록 펜을 떼지 말고 그어 보세요.

12. 공을 있는 힘껏 던졌는데 아무 데도 맞지 않고도 던진 사람에게 돌아왔어요. 어떻게 이런 현상이 가능할까요?

용어 설명

가지 돌기
신경 세포체로 신호를 전달하는 손가락 모양 신경 세포 부위

감정
두려움, 놀라움, 분노 등 극적인 느낌과 신체 반응

고유 감각
신체 및 각 부위의 위치와 움직임을 파악하는 감각

골상학
두개골의 형상을 통해 개인의 성격 및 특성을 추정하는 연구

공간 인지
사물, 거리, 주변 공간을 다양한 각도에서 파악하는 능력

공포증
특정 대상에 대한 지속적이고 극단적인 두려움

내분비계
다양한 부위 및 기관을 제어하고 유지하는 호르몬을 분비하는 샘 및 조직의 집합

뇌량
좌뇌와 우뇌를 연결하는 신경 세포 집합

뇌줄기
뇌와 척수를 연결하는 뇌의 아랫부분

뇌파 진단기
두피에 전극을 부착하여 뇌의 전기 활동을 측정, 기록하는 기계

뉴런
신경 신호를 전달하는 특수 세포로, 신경계와 뇌를 구성한다.

대뇌
뇌에서 가장 큰 부위로, 생각, 문제 해결, 감각 기관 제어를 담당한다.

동기 부여
특정 방식으로 행동하도록 유도하는 것

망막
안구 뒷부분에 있는 부위이며, 빛을 전기 신호로 변환하는 신경 세포로 차 있다.

변연계
뇌 깊숙이 자리한 다양한 부위의 집합으로, 행동, 감정, 기억과 연관되어 있다.

분비샘
호르몬을 분비하는 기관

삼차원(3D)
사물을 높이와 너비, 깊이까지 더해 입체적으로 구현하는 것

세포
생명체를 이루는 가장 작은 단위. 인체는 다양한 유형의 세포 수백만 개로 이루어져 있다.

소뇌
인체의 움직임을 조율하고 균형을 잡을 수 있게 도와준다.

수의 운동
의지에 따른 근육의 움직임

시냅스
신경 전달 물질이 오가는 신경 세포 사이의 작은 틈

시상
뇌의 한 부위로, 감각 기관으로부터 뇌의 기타 부위로 신호를 보내는 역할을 한다.

신경 과학자
뇌와 신경계를 연구하는 과학자

신경 교세포
뇌와 척수 내에서 발견되는, 뉴런을 보호하고 지지하는 특수 세포

아드레날린
주로 부신에서 만들어지는 호르몬으로, 스트레스를 받거나 투쟁-도피 반응을 준비할 때 분비된다.

여과
생각과 기억을 걸러서 중요하지 않은 사항을 제거하는 행위

연상
특정 생각, 사람, 장소, 사물과 연결되는 느낌이나 기억

전전두피질
전두엽을 덮고 있는 겉면으로, 계획 및 지각을 다룬다.

조건 반사
특정 조건에 대해 신체 일부가 무의식적으로 나타내는 반응

두뇌 게임 정답

주의력
집중력을 흐트러뜨리는 것들을 걸러내고 한 가지에만 초점을 맞출 수 있는 능력

척수
뇌부터 척추까지 이어지는 신경 섬유 다발

체내 시계
호르몬에 의해 제어되는 기제로, 인체가 특정 시간에 특정한 방식으로 행동하도록 통제한다.

축삭 돌기
신경신호를 세포체로부터 내보내는 뉴런의 한 부위

편도체
뇌의 측두엽에 있는 아몬드 형태의 작은 부위로, 감정과 기억에 관한 정보를 처리한다.

호르몬
분비샘에서 생성되는 물질로, 다양한 부위와 기관에 메시지를 전달한다.

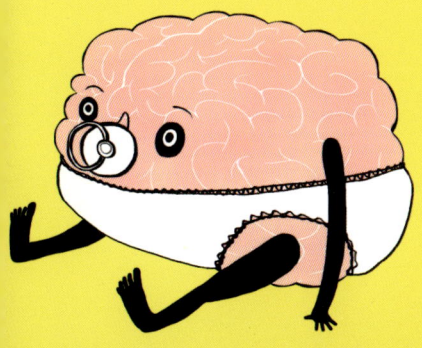

1. a) K, b) 13

2. a) 침묵
   b) 자신의 이름

3.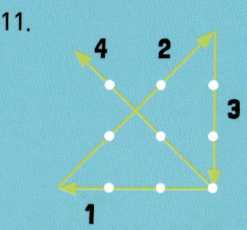

4. 9

5. 소뇌

6. 27킬로그램 (토끼=3킬로그램, 고양이=7킬로그램, 개=17킬로그램)

7. 72 (각 세모 안의 숫자는 맨 아래 숫자 두 개를 더하고 다시 이를 맨 위 숫자로 곱하여 나온 결과입니다.)

8. 두뇌

9. 87 (책을 거꾸로 들고 보면 주차 공간에 86부터 91까지 번호가 매겨져 있는 것이 보입니다.)

10. 9 (엄마, 아빠, 여섯 아들과 딸 하나)

11.

12. 공을 머리 위 공중을 향해 던졌다.

찾아보기

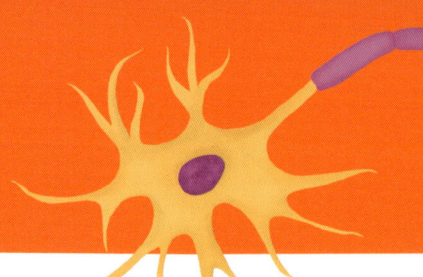

ㄱ

간지럼 11
감각 11, 16~19, 36
감각 신경 12
감정 10, 11, 60~63
거짓 기억 증후군 51
고래 9, 23
고유 수용 감각 17, 33
골상학 27
공감각 18, 71
공포증 66, 67
귀 17
기분 61
기생벌 23
기억 5, 10, 19, 33, 35, 36~41, 43, 53, 56, 61, 63
기억술 41
꿈 42

ㄴ

내분비계 14
논리적 사고 56

ㄷ

다른 생물들의 뇌 9, 22~23, 27
대뇌 6, 8, 9, 10
대뇌 피질 10, 28, 52
대왕오징어 22
두개골 8
두려움 66
두정엽 11

뇌세포 28, 29, 72
뇌 손상 29, 70, 71, 72
뇌 수술 26
뇌 스캔 27, 34
뇌량 8, 9
뇌막 8
뇌수종 71
뇌에 대한 고대인들의 믿음 4
뇌의 성장 24, 30~33
뇌줄기 8, 9
뇌척수액 43, 71
뇌파 59
뇌하수체 8, 14
눈 20~21, 68
뉴런 12, 24, 28, 29, 30, 31, 32, 37, 39, 43, 46, 64, 72

ㅁ

멍게 22
멜라토닌 15
문제 해결 9, 10, 35, 56~57
물 8, 35
미각 19
미세 아교 세포 29
미엘린 31

ㅂ

반구 9
반사 작용 13
백색질 28
변연계 60, 62
별 아교 세표 29
브레인스토밍 57
브로카 영역 52, 53
비언어 소통 53, 54

ㅅ

생각 9, 50~51, 56, 57
성장 호르몬 14, 15
소뇌 8, 11, 52, 53
수면 40, 42~43, 67
수상 돌기 12

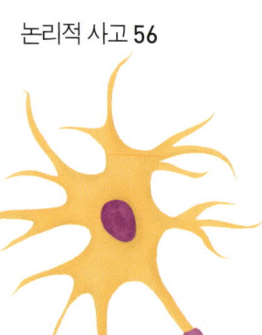

수평적 사고 57
스트레스 66, 67, 69
시각 11, 20~21, 68, 70
시냅스 12, 30, 31
시냅스 가지치기 32
시상하부 14, 15
시차증 15
신경 6, 9, 12~13
신경 가소성 29
신경 과학 5
신경 아교 세포 29
신경 이식 72
신경 전달 물질 12, 28, 64

ㅇ

아기들 30, 32, 53
아리스토텔레스 착각 현상 19
아홀로틀 22
안면인식장애 71
언어 52~53, 54
에너지 소비 34
온도 감각 16
외계인 손 증후군 71
우반구(우뇌) 9, 22, 23, 30
운동 신경 12
운동맹증 70
원근법 49

원시 뇌 6
위험 부담 64~65
인지 편향 50~51

ㅈ

전두엽 10, 11, 31, 33, 52, 53, 62, 65
전전두피질 33, 62
정보 처리 능력 6, 10, 31
중추 신경계 9, 12~13
쥐 23
즐거움 추구 64
지능 54~55, 72

ㅊ

착시 21, 47, 49
창의성 58~59
척수 8, 12, 13
청각 10, 17, 68
청소년의 뇌 32~33, 53, 58, 62~63
체내 시계 15
촉각 18
추정 48~49
축삭 돌기 12, 13, 28
측두엽 10, 46

ㅋ

카그라 증후군 70
통증 감각 16
투쟁 도피 반응 67, 68~69

ㅍ

패턴 인식 46
편도체 19, 52, 53, 68
편측 무시 70
평형 감각 16

ㅎ

해마 19, 37, 64
혈관 35
호르몬 14~15, 64, 68
회색질 28, 32
회전 치료법 26
후각 19
후두엽 11

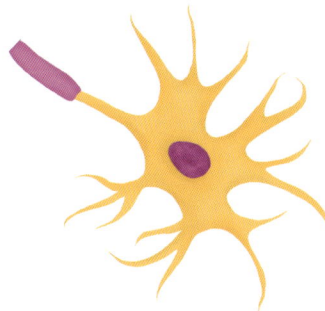

79

신비로운 뇌 세상 여행

펴낸날	초판 1쇄 2022년 12월 26일
	초판 2쇄 2023년 12월 8일

지은이 　클라이브 기퍼드
그린이 　앤 윌슨
옮긴이 　하연희
펴낸이 　심만수
펴낸곳 　(주)살림출판사
출판등록 　1989년 11월 1일 제9—210호

주소 　　경기도 파주시 광인사길 30
전화 　　031-955-1350　팩스 031-624-1356
홈페이지 　http://www.sallimbooks.com
이메일 　book@sallimbooks.com

ISBN 　978-89-522-4677-6　73400

살림어린이는 (주)살림출판사의 어린이 브랜드입니다.

※ 값은 뒤표지에 있습니다.
※ 잘못 만들어진 책은 구입하신 서점에서 바꾸어 드립니다.

사용연령 7세 이상　　**제조국** 대한민국
제조년월 2023년 12월 8일　**제조자명** (주)살림출판사
연락처 031-955-1350
주소 경기도 파주시 광인사길 30
주의사항 책을 던지거나 떨어뜨리면 모서리에 다칠 우려가
　　　　　있으니 주의하세요.
KC마크는 이 제품이 공통안전기준에 적합하였음을 의미합니다.